智解道德经

边少崇 编著

内蒙古人民出版社

图书在版编目(CIP)数据

智解道德经 / 边少崇编著. --呼和浩特 ：内蒙古人民出版社，2021.12

ISBN 978-7-204-16935-1

Ⅰ. ①智… Ⅱ. ①边… Ⅲ. ①道家②《道德经》-研究 Ⅳ. ①B223.15

中国版本图书馆 CIP 数据核字(2021)第 256754 号

智解道德经

作　　者	边少崇
责任编辑	李　鑫
封面设计	刘那日苏
出版发行	内蒙古人民出版社
地　　址	呼和浩特市新城区中山东路 8 号波士名人国际 B 座 5 楼
网　　址	http://www.impph.cn
印　　刷	内蒙古恩科赛美好印刷有限公司
开　　本	880mm×1230mm　1/32
印　　张	8.75
字　　数	168 千
版　　次	2022 年 3 月第一版
印　　次	2022 年 3 月第一次印刷
书　　号	ISBN 978-7-204-16935-1
定　　价	28.00 元

序

《道德经》说了些什么？自古以来人们一直探寻着答案，可是由于每个人的立场不同，观点也不尽相同，可谓仁者见仁，智者见智。

《道德经》全文只有 5700 多字，放在现在仅仅是一篇论文而已。为什么 2000 多年来人们一直找不到公认而合理的答案呢？我们认为，原因有主客观两个方面。

我们先看客观方面：

一是由于《道德经》每一段落之间比较散乱，不利于人们从整体上把握。《道德经》中逻辑上相近的内容相距甚远，而有的同一章节中前后内容又完全无关。之所以造成这种情况，主要是当时的书是由竹简组成，而连接竹简的绳子又极易损坏。如果损坏，由谁来把它修复就是一个大问题。如果当时对《道德经》能熟记于心者来做这项工作，肯定会恢复原貌的；如果让此人的父亲或儿子来做，恐怕就有问题了——虽然他们也知道此书是宝，可他们毕竟不能倒背如流，如果文化水平不高，出现颠三倒四的现象也情有可原。鲁迅先生认为这是老子有意为之，恐怕不是这样。因为当时正处于混乱时期，之后又经历了多次大动乱和大变革，可以说从老子生活的年代到西汉初期，社会就没怎么太平过。在这么动乱的年代，恐怕很难把一本书保存完好。荆门郭店楚墓出土的竹简三卷版《道德经》只有 1700 余字，31 章，且通行本第 64 章的前一部分内容安排在甲本中，而最后一些内容却安排在丙本中。这一距老子生活年代最近的版本出现这么散乱的现象，充分证明了竹简对于书籍保存的缺陷。

许多学者同意竹简错乱说。对于竹简的错乱，我们应该从竹简本身的一些特征来分析判断。竹简是由绳子串连起来的，绳子发生腐断的情况才使竹简错乱。而绳子并不是全部都断，卷起的竹简只是在外部的个别处会有腐断。再者，无论怎么散乱，每片竹简上的内容不会发生错乱。这样，我们就不应该认为《道德经》每字每句都会发生错误。发生错误的仅仅是个别竹简。

二是秦始皇焚书坑儒时，《道德经》很可能在被秦始皇审定的“禁书”之列。秦始皇统一了六国，结束了分封割据的状况，建立了统一的中央集权制国家，为此他统一了货币、文字、度量衡等等，他想让这一帝国永远存在下去，因此他给自己封的名号为始皇。但是，《道德经》里宣扬的“小国寡民”思想，反战的军事思想，守柔处弱的思想，无为的管理思想和秦始皇的政治路线是格格不入的。在那种政治环境中，如果

《道德经》能名正言顺地生存，实在是不可想象。再者，历史是有惯性的，在某一方面达到顶点，必然会返回来。敌人反对的，即使对我们没有什么好处，我们也要拥护；如果敌人拥护的，即使对我们有很大好处，我们也不会拥护。西汉推翻了秦朝，建立了自己的政权，随即在政治上就提出休养生息的主张，其主张与老子《道德经》的思想有异曲同工之妙。从西汉统治者推崇《道德经》的角度看，秦统治者一定是反对《道德经》的，而这种反对一定很彻底——想把《道德经》彻底封杀。可是，秦朝建立统一政权后毕竟只维持了十几年，一定会有遗漏的《道德经》留传下来。

三是语言本身具有极大的局限性。我心里想表达的意思，未必能用语言文字完整准确地表达出来，用语言文字表达出来的内容也未必和我所要表达的内容完全一致；另一方面，你看到文字后，你的理解与文字的表述会有一定的差距。特别2000多年前，如果老子用那个年代方言俗语表述的内容，我们只能是丈二的和尚了。

四是《道德经》不是老子一个人所为。学术界许多同志都认为，《道德经》不是老子一个人写的，而是由许多人共同完成的。因为在《道德经》中潜词、造句、文法不一的地方很多，而语言所反映的社会现象也不统一，说明《道德经》并不是一个人完成的，而是由不同时期的几个人完成的。

五是由于人们钻研得比较深，以致钻进了牛角尖。自古以来，深入钻研《道德经》者大有人在，有的认为是军事著作，有的认为是哲学著作，有的认为是权谋术，有的认为是气功养生书，更有甚者认为是性学书……如此等等，不一而足。研读《道德经》和研读马列主义一样，如果仅仅从字里行间去抠，是抠不出什么东西来的，抠得越深，越不能自拔。邓小平同志说他没读几本马列的书，但小平同志却掌握了马列主义的核心，并把它运用到中国的社会实践中。因此，我们研读《道德经》，也不能抠字眼，不能钻牛角尖，应该从总体上把握和学习，这样我们就能掌握其本质和精髓。

六是老子通过展示自然规律来揭示人类社会的发展规律和人类自身的规律。天人合一思想是我们先人的哲学根基，这一思想在老子那个年代早已深入人心。因而老子在阐述《道德经》时始终遵循这一原则，老子通过阐述自己的宇宙观，然后根据宇宙的规律引出社会及人类自身的规律；老子论述的一个规律就是通过阐述自然现象或自然规律，从而揭示社会规律和人生规律，在这种论述中，老子有时只说自然现象，对社会或人生表面上一点也没有提及，这就更需要我们通过对自然规律的认识引申到对社会规律和人生规律的认识上来。

七是应该从老子生活的年代来认识老子。老子曾任周朝“守藏室之史”，是当时档案图书管理者。老子身为周朝政府图书馆的负责人，对周朝图书馆内的藏书应该是了如指掌，甚至全部都阅读过了（因为当时的图书并不是很多，且每本的字数并不多）。2000 多年前的中国藏书一定有如下几类：一类是对自然认识的书：如《易经》《连藏》等；二类是对人类自身认识的书：医疗、养生（如气功类）等；三类是国家管理类的；四是历史人文类的。老子的《道德经》一定会受到这些思想的影响。影响老子思想的另一方面是孔子，当时孔子弟子有三千，可以说遍及各国，影响很大；孔子的主张应该向周朝统治阶级以书面形式汇报过，汇报材料老子一定看到过，且孔子曾拜会过老子，所以老子的文字里经常能看到孔子的影子。

八是应该认真分析研究《道德经》与道教的关系，这种关系搞不清楚，我们就不能真正把握《道德经》。老子之后，庄子秉承其学，著有《庄子》一书，其书也被道家称为《南华真经》；其后还有齐国稷下学宫的田骈、慎到等人也以老子因循自然的学说为本，依托"黄帝"之名写了许多著作，把老子与黄帝的思想融合起来，史称黄老学派。黄老学派摆脱了老庄那种仅从历史的经验和个人的体验来观察、思考问题的模式，直接从治理国家、促进社会进步的务实角度来思考问题，使老子的学说发展成为内圣外王之术，被西汉初期的帝王接纳，促成"文景之治"。汉武帝时，"罢黜百家，独尊儒术"，黄老之术退出政治舞台。失去政治依靠的黄老学说不得不进入民间，逐渐与民间的神仙崇拜融合，黄帝与老子也顺理成章地成了神仙。道教自东汉末年由张道陵创立，至今已有1800多年。张道陵自称太上老君授他《正一盟威符箓》，让他推行"正一盟威道"。该道尊老子为教主，尊称太上老君，把《道德经》作为基本经典。道教自产生之日起就用符箓之法降魔驱鬼为人治病，并借此传教。道教之所以与《道德经》紧密挂钩，就是因为老子的观点、主张大多都能被道教利用，比如“天下万物生于有，有生于无”“有之以为利，无之以为用”，这些思想构成了道教的哲学根基。

九是应该科学地、批判地继承《道德经》。有个别学者在学习和研究《道德经》时很容易钻进去，然后抓住一点不及其余。虽然有的老师也知道批判继承的道理，可一旦自以为能自圆其说时，也顾不了那么多了。以至于说是气功书者便把全书内容凑到气功上，有的实在没有办法了也要从其他方面找一些可能有用的证据，以至于其解释让人看后有为了自圆其说而自圆其说之嫌，这样的说法实在让人不好理解。有的甚至为了证明自己的正确性，从古文字角度来进行论证。这样论述不能说方法不对头，但我们要用这种方法论述，一定要了解我们文字的发展演变过程。在秦朝政府建立之前，各诸侯国都有自己的文字，这些文字有的是相通的，有的文字在用法上则有很大差异。秦朝政府后来统一了文字。接下来西汉政府沿用了这一文字体系。从文字发展来说，西汉时期的人对老子时期各诸侯文字的理解和认识要比我们现在的人要深入得多，准确得多；对《道德经》的理解也更能接近作者本人。所以，本书对《道德经》的解读笔者认为用通行的王弼本为底本更符合原意。

对《道德经》我们应该批判地继承，既要有批判，也要有继承。我们要继承其科学的、对现今有指导作用的内容；批判其不合理的，阻碍社会发展的不合理的内容。我们有的学者在研究《道德经》时存在一种现象——就是把《道德经》神化，认为《道德经》是一部从古及今于五湖四海、各行各业都适用的一部天书，其明显错误的地方也对其进行美化。这样其实是大不必的。马克思的著作中也不可能全是正确无误和永不过时的东西，更何况2000多年前科技近乎于无的情况下，老子对社会、自然以及人本身的许多问题只能是做一些推理和猜测，并不完全是他本人的亲身经历。所以我们也不需要把前人的一些猜测和推论当作教条来框住我们的思想和行动，我们也不该设定一些框框以图限定后人的思想和行动。

其实，当时尹喜邀请老子传道，并以师生之谊款待老子。老子答应给尹喜指点迷津，于是写了内容丰富的五千余言。可以说这五千余言凝聚了先哲及老子对宇宙与自然、自然与社会、社会与人、人与生命等一系列重大问题深刻认识的精华，是老子毕生学习和探索的全部成果。如此复杂的思想被老子以五千余言概括，如果事先没有经过深思熟虑，在头脑里没有一个清晰的条理，后人能有机会看到他的文章吗？既然老子写《道德经》时是有条理的，那我们现在就有必要做一些这方面的工作，尽力理解老子当时的想法和思路，让后人能真正了解、理解、掌握并运用《道德经》中先进的、对现实生活有帮助的思想或观点，可以说，这样做的意义是极深远的。

以上是客观原因，主观原因有二：

一是我们后人很难真正静下心来，用我们自身的灵魂去理解老子的思想。现代人大多都被名利包围着，自身的灵魂完全被名利裹挟着，我们就像一台大机器中的一个小小的部件，起早贪黑日夜不停，我们的灵魂根本没有可能得到片刻解放，因而我们根本不会用我们的灵魂去思考问题，也不会用我们的灵魂去发现问题。其实，我们的先人并没有任何保留，他们讲的都是掏心窝子的话，都尽力想让我们后人听懂弄通。因此，他们总是站在自己的认识高度完整准确地把自己发现的问题表达出来，但是由于后人并不能准确或者全部领会，因此，理解的东西只是皮毛的、一知半解的，我们只有静下心来，用自己的灵魂去接触前人的观点，才能站在前人的高度来理解前人所言，完整准确把握前人的思想。

有的读者会问，我们的圣人先哲中应该有许多人是能静下心来研究的，那么他们的认识应该符合老子的原意吧？这正是我们要说的第二个问题。

二是我们只在前人的高度还不够，还要站在前人的角度去理解。当时社会不怎么安定，一些有头脑的人士都在寻求使社会安定的路子，也在寻求自身的出路，因而人们普遍探求的是“修身、齐家、治国、平天下”。这虽然是孔子所言，但反映的是一种社会普遍现象。当时诸子百家都是以拯救国家为目的进行研究和辩论的，通过辩论力求让各诸侯能听取自己的建议。老子虽是当时的隐士，耳濡目染所接受的信息无不是这方面的内容，因而他的研究也不会完全抛开这一现实。基于这种情况，为了使自己的观点更有理论基础，为了更能说明修身与治国的方法，老子首先从“道”开始研究，提出“反者道之动，弱者道之用，天下万物生于有，有生于无”的思想。无论修身还是治国，都应该从“道”的功用着手，并且始终都围绕着这些功用展开。正是基于这样一个思路，老子对修身(包括气功修炼)、品格修养、为人处事、治国理政等进行了阐述。因而《道德经》从表面看，它也是阐述“修身、齐家、治国、平天下”的，但是，如果我们更进一步研究，会发现《道德经》在阐述修身与治国思想的同时，其研究方法、研究内容中渗透出许多开悟启智的方法与思想。其实，这才是《道德经》的真正内涵。我们后人研读《道德经》时，要把握好这一精髓，这样我们才能真正理解《道德经》。

再者，由于科学技术不发达，老子提出的一些主张，没有相应的实践作为理论支撑。其实，老子的“道论”是老子在超级气功态时看到的一些东西，老子用文字把这些景象描述了下来。由于客观条件制约还不能对老子的理论提供相应的论证，因而人们也很难真正准确理解老子，认识老子。比如“玄牝”一词，老子讲的是“黑洞”的意思。但黑洞一词是近代提出的概念，我们的圣人先哲们根本不知道这个东西，你让他怎么理解？

另外，本人的研究方法与他人存在一定不同之处：

一、没有按《道德经》原书的章节排序进行解读，而是把书中内容相同、相近的内容放在一起，统一起来进行解读，因而书名叫《智解道德经》。由于《道德经》各章节内容比较散乱，个人的认识水平和能力所限，所以在安排各章节内容上可能会有所疏漏，希望大家斧正。这种研读方法，国内的学者有人做过尝试，有的也有了研究成果，杜铭华先生的《〈老子〉新观》就是一个很好的启迪。

二、第一次对老子的宇宙本体论进行了研究，提出了一些观点，老子的一些理论在当代逐步得到验证。2020 年诺贝尔物理学奖获得者罗杰·彭罗斯的观点，老子在 2500 年前就提出过。

前人在讨论《道德经》时，许多学者都提到老子的宇宙观，可惜没有一人谈到老子宇宙观说了哪些内容。本人专门对老子宇宙观进行了解读，这种解释我认为是全新的。

三、对于《道德经》中的难解之处，本人都做了全新的解读，这样的解释有的可能不太符合语法或字意，只是我个人的一些观点。这些尝试能不能让广大学者认可，值得期待。

四、在解读的过程中，多数问题都没有展开来讲，力求简捷，只求说明问题即可，因此篇幅较小，对《道德经》想有所了解的人都可以拿来一读。

目　录

第一部分　绪论

《道德经》第一章是《道德经》全书的绪论。这一结论几乎所有注家都认同，争议不大。但是，第一章讲了些什么内容，争议却非常之大，几乎每个注家都会提出自己的观点，自己的论据，但人们往往都只认同自己的，反对他人的。由于认同自己观点的论据不是很充分，所以面对别人的反驳也拿不出有力的证据；虽然如此，所有的注家在反对别人时似乎低气更足一些。

《道德经》第一章讲了些什么内容？要搞清这个问题，就必须站在老子的角度来分析思考，全书讲什么内容，难点是什么，重点是什么？哪些内容应该在开首加以说明？在多次通读《道德经》，搞清了全书的内容后，回过头来重读第一章，发现它就是老子以绪论形式写的，且主要写了全书的难点与重点：

一是逻辑问题，这是整部经的难点。无论是道，还是其他概念，其含义都不是不变的；或者更明确地说，多数概念都有二个以上的含义；因而我们在解读《道德经》时要注意，不要用一个含义解读一个词，这样解读的方式只会把我们引进死胡同。

二是有无问题是全经的重点。老子的“有无观”是我们理解《道德经》之重点，我们一旦真正理解了老子的“有无观”就会对老子《道德经》的全貌有个整体的把握。

三是在老子那个时代，各家各派研究问题的理论基础是天人合一思想，都试图用天地的运行规律来阐释修身、齐家、治国、平天下的道理。老子在第一章中提出有无的观念，也是为后面阐述修身与治国的核心思想——无为而治思想作理论上的铺垫。

第一章

[原文]

道可道，非常道；名可名，非常名。

无，名万物之始；有，名万物之母。

故常无，欲以观其妙；常有，欲以观其徼。

此两者，同出而异名，同谓之玄。玄之又玄，众妙之门。

[解释]

“道可道，非常道；名可名，非常名”。

第一个“道”字是一个总的、包含所有含义的哲学概念。“可”是肯定词，是可以的意思。第二个道是说道的意思，可引申为用语言表述。“非”表示否定意思：不是，不可，等。“常”，帛书中此字为“恒”。汉时为避汉孝帝刘恒的“恒”字，而把老子原文中的“恒”字改成了常。恒与常虽然义近，但“非恒”与“非常”拿到今天就不是一样的了，这也是我们现今理解《道德经》出现偏差的缘由吧。这个“常”，如果按恒字来解读，就好理解一些。恒是“永恒的”，“不变的”意思。对这个字的理解如果不准确，将影响我们对全书的理解。

老子提出“道可道，非常道”，意思已经非常明确了：他所说的“道”，在不同地方有不同的含义。“道”的含义是很丰富的，我们学习《道德经》时，对“道”的理解不要被某种定义或含义所局限，而应从多个角度去理解和把握。从《道德经》中对道的阐释，我们可以看到，“道”有以下几种含义：

一是，道是产生万物的母体，是宇宙的本源；

二是，道是万物发生发展所遵循的规律；道的“规律”含义是古人普遍运用的，在《道德经》中道的规律性主要包含“天之道”与“人之道”两方面内容。“天之道”一是指道本身，二是指自然规律。而“人之道”则包含以下内容：一是人作为群体的管理之道，二是个人的修养与为人处世之道；三是，道路的意思；四是，言说的意思；五是，道理的意思；六是，无的意思；“道生一，一生二，二生三，三生万物”，“天下万物生于有，有生于无”；这个“无”与“道”同义。

“道”的“宇宙本源论”含义，是老子第一次提出的。在《道德经》中“道”的含义有这么多，因此，需要我们在不同的地方有不同的解释。

“名可名，非常名”，“名”指什么？名是指除“道”之外的其他名词。“非常名”是说“名”的含义也是变化着的。在《道德经》中许多名词的含义前后是不一样的，有些句子虽然前后相同，但内含也是不同的，这一点希望我们注意。比如“挫其锐，减其纷，和其光，同其尘”，前后出现两次，但含义却完全不同。在《道德经》中，“玄”“朴”等几乎所有名词的含义前后都有变化，因此在学习、理解经书时我们要加以区别。这一点非常重要，是理解《道德经》的关键之处。多数解读者在译著《道德经》时，都会把经书中前后出现的名词做相同的翻译，这正是我们后人在没有真正理解《道德经》第一章的情况下就开始学习后面的内容，结果越学越觉得“道”的神秘。其实这正是老子担心的地方。为了把这一问题交代清楚，也为了读者能够读懂《道德经》，所以老子专门写了这一章，作为引言和绪论。

因此，第一句话应该译为：道是可以用概念来表述说明的，但它的含义不是恒久不变的，它在不同的地方会有不同的含义。《道德经》中涉及的许多事物我们也是可以给命名的，可这个名词的含义也不是固定不变的，在不同的地方其含义也是不同的。

“无，名万物之始；有，名万物之母”。这一句应该是错句，与老子《道德经》全书的内容不太相符。老子的意思应该是“无”是万物之母，而“有”是万物的开始。老子认为：“天下万物生于有，有生于无”，“无”与“有”相比，“无”是根本的、本质的。那么，“母”与“始”相比，“母”应该是更本质的。因为在老子看来，“母”就是道。而“始”则是由“无”到“有”的最先前的一个过程或者说是一个片段。由此可见，“无，名万物之母；有，名万物之始”更符合老子本意。此句的意思是：“无”是产生万物的母体，“有”是万物产生的起始。

“故常无，欲以观其妙；常有，欲以观其徼。”这里之“常”在帛书中为“恒”，意为恒久、长久，引申为经常。“欲”，想要；“以”，副词，可作“用来”讲；“观”，观察、体会意；“妙”，奥妙；“徼”，边界，引申为端倪。这里，我们应该对“无”有个正确的认识。“无”并不是“空无”，“无”是“实有”，是我们人类无法用感官感知的存在。因为在宇宙中你找不到任何一个空间是什么也没有的“空无”。老子讲的“无”是宇宙万物产生之本源，是宇宙中的暗物质和暗能量；而“有”是我们人类可见或可观测的物质。宇宙是由可见物质与暗物质、暗能量组成。美国学者借助“威尔金森微波定向异性探测器”（简称 WMAP）了解到，整个宇宙中只有 4%的正常物体是我们能观察到的。22%是无法辨识的黑暗物体，另外的 74%都是非常神秘的暗能量。

理解此句的关键在一个“观”字。观是人在观：是你在观，我在观，他在观，那么，此句话的主体也应该是人。此句话可以解释为：因此，人们应该经常保持“空无”的状态，从中观察领悟其中的奥妙；这一奥妙是“有”，也就是佛经中讲的“妙有”；要经常保持“有”的状态，从中去观察体会“无”的端倪、影踪。老子在此指出了研究“无”的方法，就是从“有”中去找“无”，而不能从“无”中找“无”。

此句的意思是：我们应该经常从“无”中去观照“有”的微妙，要常从“有”中去观照“无”（实为有与无）的影踪。

“此两者同出而异名，同谓之玄。”无与有这两者同时出现而名字有所不同。也就是说暗物质、暗能量与我们可见物质是同时出现的。“同谓之玄”，“同”：共同，即共同的源头。“玄”应该是“弦”。有与无共同的源头我们把它叫作“弦”。

“玄之又玄，众妙之门”。玄之又玄：神奇啊，太神奇了！用现代成语概括就是神乎其神。是什么东西那么神奇呢？是“有与无”。“众”，三者以上为众。此句应该理解为：有无是那么神奇！它们是理解众多奥妙的关键。

那么，有哪些“奥妙”呢？

1. 暗物质和暗能量是十分奇妙的。在老子看来，“无”代表着人们用感官感觉不到的存在，是暗物质和暗能量，是宇宙黑洞（在宇宙观中详述），而“有”则是我们可见的客观世界。有与无互为存在的根由，且互相转化；有中有无，无中有有。对于这个问题太极图是个很好的、直观的解释。

在整个宇宙中，无的成分更多一些，而有的成份则少得可怜。那么，在现实社会中，“有”中是不是有“无”，“无”中是不是有“有”呢？我们通过对宇宙的观察，发现，“有”中确实有“无”，“无”中确实有“有”。在地球上有没有“无”，在我们人身上有没有“无”呢？答案是肯定的。老子在三十四章中明确指出“大道氾兮，其可左右”，大道存在于任何时空当中。所以任何“有”中都存在“无”的成分。

我们先来考察一下暗能量的存在。气功就是人体运用暗能量的一个例子。我们古人说的气功之“炁”，无中有一点，这一点实际就是暗能量。一个太极拳高手站在地上，另一人用力推他却推不动。一个人的重量也就70—80公斤的样子，70、80公斤的力全是向下的，横向的力并没有多少，即使是个100公斤的油桶，我们也能把它扳倒，而一个不足100公斤的人我们却动他不得——这一现象，我们用当代物理学是解释不通的。还有练气功的人会飘浮起来，几十公斤的人竟然飘飘然升了起来，这是现代物理学难以解释的，是老子所说的“妙”。人站着别人推不动，是这个人用到了暗能量，这个暗能量汇集起来成为与你的力相反的一个力，因此表面看起来他没有用力，却暗中有另一种力帮他的忙。人的身体在空气中飘起来，也是一种向上的暗能量把他托了起来。这些暗能量，用现代物理学的理论是解释不了的。

关于暗物质的存在，人们的认识还很少，只是一些灵异事件——也就是灵魂——应该与暗物质有关。关于灵魂的问题，以前我们把它作为迷信加以排斥，理论上也一直是讳莫如深的，但是近几年有所松动，媒体上也报道了许多灵魂转世的事，如海南的唐江山……

诺贝尔奖奖金获得者、美国著名作家海明威、德国伟大的诗人歌德、法国最优秀的批判现实主义作家莫泊桑、俄国十九世纪著名作家陀思妥耶夫斯基、美国著名的小说家爱伦·坡、英国著名作家戴维·赫伯特·劳伦斯等，都曾有过类似的体验，他们认为“人的灵魂藏于人的肉体之内，而且是肉体完美的复制品，由极轻的东西组成，发光、半透明、十分适合于进行体外的活动，灵魂离开身体时，跟做梦差不多”。

我们人身上有暗物质和暗能量存在，那么在其他一些可见物里有没有暗物质和暗能量呢？我认为一定存在。这需要我们变换一下我们用了上百年的研究方法和研究技术，重新审视我们祖先提出的一些方法，用这些古老的方法或许能打开一些出路。如果我们有一天真的能找到暗物质，而且能熟练运用暗能量，到那一天我们人类也一定会制造出更为先进的、类似UFO的航天器，甚至可以进行时空穿越，几百亿光年的距离，可能只需要半天就能到达。

2. 宗教产生于对“有”与“无”的认识不清。由于上古时期人们对这些“玄之又玄”的问题认识不了，解释不清，而这些问题又时时处处伴随着人们，为了给这些问题找一个合理的说法，许多先人就把它叫作神、上帝、天、鬼等等。随着对神或上帝的信仰与崇拜的增加，大多数人们对其的认可度也逐步提高。在这种情况下，极个别人通过清心静思，智慧之门得以打开，他们对人们难以理解的宇宙及神鬼之事进行解读，这种冠以上帝、神的解释都比较完善。后人加以整理并逐步完善，这样各种宗教就慢慢形成了。

3. 人类的发展依赖于“无”。人类发展到今天，科学技术几乎都在“有”的地界活动，近百年来才渐渐向“无”的地界迈进一只脚，但就是这轻轻地一步，就让人类有了飞速发展。随着人类对“无”认识的增加，人类马上会进入飞速发展的新时代。

我们在这里指出三点，其实从古到今所有难解的“奇妙”问题，以及现在科学无法解释的问题，都能在此找到答案；也就是说，从古到今的难以理解的问题，都可以从“有”“无”之间找到答案。人体的特异功能，人的灵魂，气功治病等问题，20 世纪西方许多国家下了很大功夫去研究，最终不了了之，其原因是他们的研究没有相应的哲学理论给予指导。

第十一章

[**原文**]

三十辐共一毂，当其无，有车之用。

埏埴以为器，当其无，有器之用。

凿户牖以为室，当其无，有室之用。

故有之以为利，无之以为用。

[**解释**]

“三十辐共一毂，当其无，有车之用”。“毂”（gǔ）车轮中心的圆木，周围与车辐的一端相接，中有圆孔，可以插轴。三十根辐条汇集到一根毂中，有了车毂中空的地方，才有车的作用。

“埏埴以为器，当其无有器之用”。“埏”（shān）用水和土；“埴”（zhí）细黏土。糅和陶土做成器皿，有了器具中空的地方，才有器皿的作用。

“凿户牖以为室，当其无，有室之用”。“牖”（yǒu）窗户。开凿门窗建造房屋，有了门窗和室内四壁之间的空虚部分，才有房屋的作用。老子那个年代，人们的住房多数应该是开凿的，属于窑洞式房屋，所以老子用了“凿”字。

老子为了便于人们理解，用了很机械的例子举例证明，因为当时能证明的例子实在少之又少。现在，随着科技的发展，这样的例子不仅很多，而且更容易被人们理解。我们现在用的电脑、电视、手机等等，这些电子产品，我们看到的东西——这些电子产品及其外壳，并不能给我们提供“用”，真正能给我们提供“用”的，是我们看不到的软件，以及这些软件对无线电信号的解析。如果没有这些“无”的东西，这些电子器件只是一堆垃圾。

因此老子接着说：“故有之以为利，无之以为用。”所以，“有”给人便利，“无”是人类可以利用的一方面。

在这里，老子用了几个例子来论证“有之以为利，无之以为用”，例子虽然简单，但需要我们真正理解其中的深刻含义。老子在《道德经》中多次提到有与无的概念。他老人家提有与无，绝不是要说辩证法，而是有所指。他提“有”，实是指我们人类可见的物质，所提“无”，则是指我们人类感觉器官感觉不到的物质与能量。“有”能够给我们提供一些便利，而真正能让我们用得上的却是“无”。我们学武术练拳脚，一开始都是练的皮毛功夫，练的是形，是“有”。真正达到一定程度时，我们才能练到意的境界，练的是“无”。只有到了这个阶段，功夫才能上一个新的台阶；到了这个阶段，我们才能真正领会“有之以为利，无之以为用”的深刻含义了。我们人类的科学技术发展到现在，基本都是“有”的范畴，对“无”的开发利用还处在萌芽阶段或初级阶段。如果有一天我们的科学技术在“无”的方面取得了进步，才可以说真正懂得了科学，人类的工业技术才会有真正意义上的革命。

应该看到，人类从无线电技术到现在也就一百多年时间，而电脑和网络的运用才几十年时间，但是人类运用计算机与网络，在短短的几十年时间，人类社会便取得飞速发展。事实也再一次证明："有之以为利，无之以为用"的科学性。当然，我们现在仅仅在"无"的领域迈进一只脚，还有广阔的空间需要我们人类共同探索。

老子在这里专门就"有之以为利，无之以为用"进行了论述，其目的就是为了提醒我们后人无论做什么，要从"有"入手，到了一定阶段后，则必须从"无"中寻求。如果只从"有"上下功夫，不从"无"中寻真谛，要想真正有所进步难度很大。

老子在此提出"有之有为利，无之以为用"的原则，是在提醒后人，"有"的一面只是给我们提供了便利，而要真正有所作为，则必须从"无"上寻根由。如果有一天我们人类真正能够对暗物质、暗能量进行利用，我们人类进行星际旅行的梦想一定会实现。

第二部分　道论（上）

老子生活的那个年代，虽说有诸子百家，但各家的哲学根基无一不是“天人合一”的思想。但是，在诸子百家中，除老子外，没有任何一家对“天”进行深入研究和阐述。老子阐述“道”，也是以天人合一思想为哲学基础的，因而老子先对宇宙观进行了阐述（而宇宙观又是“道”的重要组成部分），只有这样，才能把“道”说清楚，讲明白。如果不把“天”讲清楚，天人合一就缺乏理论的根基。因而老子道论的基础就是老子的宇宙观。

老子的宇宙观包含以下内容：

1. 宇宙产生前的情况；
2. 天人合一应遵循的原则；
3. 宇宙中天体运动的规律；
4. 黑洞是宇宙大爆炸的源点；
5. 对宇宙中黑洞进行了描述；
6. 黑洞无生无死；

7. 道的作用。

可以说，老子对宇宙的描述是基本完整的，语言是极其准确、精炼的；虽然有的论述还需要现代文明的进一步证明，但其在几千年前能对宇宙有这样的认识，不能不说是一个奇迹。

第二十五章

［原文］

有物混成，先天地生。

寂兮寥兮，独立而不改，周行而不殆，可以为天下母。

吾不知其名，强字之曰：道；强为之名曰：大。

大曰逝，逝曰远，远曰反。

故道大，天大，地大，人亦大。

域中有四大，而人居其一焉。

人法地，地法天，天法道，道法自然。

［解释］

老子在这一章把他的宇宙观作了总概括，也可以说是宇宙观的续论。

“有物混成，先天地生。”有一个东西“混”成。好一个高度概括的“混”字！说明“道”也不是孤立地自我形成的。它也是由一些物质“混”成的：既不是氢，也不是氧，还不是金，又不是银……它是由这些物质混合成的。黑洞内部的物质并没有任何分子的形态，它不表现为任何物质，不以任何物质的形态存在，这种存在是我们日常所看到的物质的“混合”。老子时代并没有认识到分子、原子、质子与中子，而一些物质混合在一起后，丧失了分子形态，所以老子只能以“混”来概括，这种概括极具高度、精确。且这个“物”先于天地而生。这一句把这一“物”与“道”等同起来。同时这一句也说明，“道”是一物，是一实体，而不仅仅是规律。先于天地而生的是一“物”，而不是神或上帝。这一物是“混”合而成的，并不是由任何一物单独构成的。

此句的意思为：道是一物，这一物是由不具任何物质形态的混合物构成；道先于天地产生。

“寂兮寥兮，独立而不改，周行而不殆，可以为天下母”。它在寂静而寥廓的太空，孤独地“立”在那里从没改变；依照自己的规道循环运行而永不停息，我们把它叫作天地的母亲。在此，老子又提出一个论断，银河系中央的黑洞也不是静止不动的，它也是循环运行的。周行是循环运行的意思。

这里，“可以为天下母”，帛书是“可以为天地母”。我以为帛书的表述更准确。因为天下所指范围小于天地的范围，而天地在此处就是指地球与太阳。黑洞是星系产生的母体，是我们地球和太阳的母亲。

“吾不知其名，强字之曰：道；强为之名曰：大。大曰逝，逝曰远，远曰反。”我不知道它的名字，勉强为它起个名字叫作“道”。再勉强给它起个小名叫作“大”。“逝”往也，出发之意。大的就会出发，出发后会越来越远，达到远的极点则会返回。

科学家发现，现在的宇宙正处于膨胀中，科学家给这种现象起了个名字叫“红移”，据此认为星际间的距离会越来越大。这一观点理论正好印证了“大曰逝，逝曰远”的观点。“远”以后会发生什么？老子认为：宇宙膨胀到一定程度会“返”回来，这个“返”的结果正是下一次宇宙大爆炸的成因。

“故道大，天大，地大，人亦大。域中有四大，而人居其一焉。”所以说道大、天大、地大、人也大。宇宙间有四大，而人居其中之一。老子认为，人与天地都是“大”。虽然“人法地，地法天，天法道”，但是人与其他生物相比，人还是处在优势地位。这个优势地位用老子的话说就是“大”。

在天地之前还有个东西！这个东西不是鬼，不是神，而是一个东西，这个东西没有人认识到，更没有人给它命名，所以老子给它取个名字叫作“道”。在天地之前有个东西，这是前人所没有认识到的。老子首先把它提了出来，这个东西先天地生，是一个很抽象很难表述的一个东西，这个东西是天地的本源，很难概括，所以老子才用了“强字之曰道”。可以说，老子用“道”来概括这个先天地的东西也是很为难的。因为当时人们的思想里占主导地位的是：在天地出现之前存在的只能是神。而老子对这种迷信的思想进行了抨击，先于天地而生的也是一物，不是神。这一物就是道，是宇宙中的黑洞，这一黑洞也在运动中，按自己的运行规律运行着，“周行而不殆”“独立而不改”且“道法自然”。

“人法地，地法天，天法道，道法自然”。人取法地，地取法天，天取法“道”，而道取法谁呢？道取法自己的样子。“人法地，地法天，天法道，道法自然”是“天人合一”思想的一个基准原则：人只有与地相合，才能与天相合；如果不与地相合，直接与天相合则很难，也很容易出现问题。

“道法自然”我们应该用心领会。有的人认为“道法自然”是说道效法自然界春生、夏长、秋收、冬藏。这种理解是错误的。道产生宇宙，产生天地，产生万物，如果说道再效法地球的自然，那就本末倒置了。道是最本质的，如果说它一定要效法一个东西，只能效法它自己了。

“道法自然”就是要说道应该按着自己的规律行事。道先天地生，也就是我们现在说的黑洞先于地球产生。那么在黑洞之前，宇宙是什么样子？“道法自然”给出了答案：宇宙还是宇宙。如果不这样理解，我们就不可能找到宇宙大爆炸的原因和动力。也就是说，宇宙为什么会爆炸？其实，在宇宙大爆炸之前，宇宙和现在的宇宙基本一样，既有一些星系，也有大量的黑洞。当今科学研究发现，星系始终处于膨胀中；为什么会是这样的呢？我们说，星球之间靠相互之间的吸引力来维持，可是这种吸引力与它自身运动的离心力不可能保持绝对的平衡之中，如果离心力大于吸引力，则星球之间的距离会越来越大——也就是我们现在所说的膨胀中。如果吸引力大于离心力，则星球之间的距离会越来越近，直至碰撞。从现在的情况看，可见星系之间的距离越来越大，说明它们之间的离心力大于吸引力；而看不见的星体（如黑洞）之间的距离却越来越近，说明其吸引力大于离心力。而黑洞的相互吸引、接近就意味着新的爆炸的发生。这就说明宇宙的爆炸并不仅仅是一次，而是有多次。我们现有的科学也证明了这一点。我们通过观测星体零下 270 度附近留下的光，有的说大爆炸发生在 130 亿年前，有的说发生在 160 亿年前。这两者并不矛盾，只是证明爆炸发生了两次或更多。138 亿年前发生的大爆炸绝不是第一次，更不是最后一次。如果这一假想成立，那么黑洞的碰撞爆炸也不只在几十亿年前发生，也会在以后的日子发生。如果说宇宙只是产生于 138 亿年前的大爆炸，那么大爆炸的“奇点”是哪里来的？如果继续追究，势必陷入一个无法解答的境地；最终必将走向唯心主义的泥潭。我们且不论唯心主义的对与错，但这样的解释最终也不会找到任何实质的证据。此其一。其二，美国人登月后，从月球上带回一些岩石，经测定，这些石头有的年龄高达 200 亿年，如果说大爆炸发生于 138 亿年前，那么 200 亿年前的岩石从何而来？其三，英国著名科学家罗杰·彭罗斯爵士称已经发现了宇宙大爆炸之前还存在另一个宇宙的证据。在对宇宙微波背景辐射的研究中，发现了神秘的同心圆现象，可以认为宇宙之前还有宇宙，并且提供了在前一个宇宙中所发生事件的痕迹。那么该如何解释这些比宇宙大爆炸还早出现的神秘同心圆呢？罗杰·彭罗斯与赫·古萨德扬认为在背景辐射中的神秘同心圆是超大质量黑洞发生碰撞而留下的，这些超大质量的黑洞存在于大爆炸发生之前。这就意味着我们的宇宙将出现一种全新的循环模式：由超大质量黑洞碰撞主导。根据罗杰·彭罗斯介绍："新的宇宙循环理论"意味着黑洞将消耗掉宇宙中的一切物质，并且发生相互碰撞，最终导致又一次的宇宙大爆炸。可以说罗杰·彭罗斯的理论与老子"道法自然"的看法不谋而合。

老子在本章用了十四个字把天地形成之前的宇宙进行了阐述，"寂兮寥兮，独立而不改，周行而不殆"，说明天地形成之前，宇宙中的星体并不多，天空中只有为数不多的黑洞，它们显得很寂寥；孤独地立在那里而不改变，围绕另一个更大的星系运动而从不停止。老子接着描述了这一运动的规律："大曰逝，逝曰远，远曰反。"短短九个字便把天体的运动及其规律说得清清楚楚，明明白白。

第六十七章

[原文]

天下皆谓我：“道”大，似不肖。

夫唯大，故似不肖。

若肖，久矣其细也夫！

我有三宝，持而保之：一曰慈，二曰俭，三曰不敢为天下先。

慈故能勇；俭故能广；不敢为天下先，故能成器长。

今舍慈且勇；舍俭且广；舍后且先；死矣！

夫慈，以战则胜，以守则固。天将救之，以慈卫之。

[解释]

“天下皆谓我：‘道’大，似不肖。夫唯大，故似不肖。若肖，久矣其细也夫!”。上一章讲了天地产生之前有一“物”，既然是“物”，那么它长什么样子？老子做了交代。天下人都说“我道”很大，不像任何具体事物的样子。正因为它很大，所以才不像任何具体的事物。如果它像任何一个具体的事物，那么“道”也就显得很渺小了。

黑洞长什么样？没有人能给出正确的答案。虽然科学家们经过几年的努力，拍了黑洞的照片，但这并不是黑洞的照片。

这张照片是把黑洞周边星球的运行图进行了合成，中间黑色的部分是黑洞。其实，黑洞远不是那样，中间黑色的部分并不全是黑洞，黑洞只是其中的一部分。而中间的这一部分又不像任何实物，它是实实在在的存在，但又不好形容。

后面这一部分内容不属于道论的内容，属于修道的内容。

“我有三宝，持而保之：一曰慈，二曰俭，三曰不敢为天下先。慈故能勇；俭故能广；不敢为天下先，故能成器长。”我有三件法宝执守而且保全它：第一件叫作慈爱；“慈”，包含有爱惜之意；修道者对万事万物都充满爱惜之意，虽不把万物分别，但对万物都持有一颗爱惜之心，把万物都看作自己的孩子一样珍爱；在行动上不践踏任何一物。可以说，修道者的爱心普及天下。第二件叫作俭；“俭”的含义是节俭；节俭什么？一为物，二为行。通常我们说节俭都是相对于物而言的，但是在这里老子则是相对于行为而言的，而行为又与具体的事相对。只有把繁事化简，大事化小，多事化少，行为才能节俭得下来。把复杂的事情简单化，并不是我们一遇到复杂的事情就去做，就去“简单化”，而是要找到一个合适的切入点，然后集中精力解决主要矛盾；主要矛盾解决了，其他次要的一些问题也就好解决了；节俭是修道者必须做到的修为，不浪费一粒米、一滴水，对于大自然的所有馈赠都充满感激之情。第三件是“不敢为天下先”，有二层含义，一是不争，谦让；二是退守、居下。老子“不敢为天下先”的思想与其“后其身而身先”的思想的一致的。修道者认识到了万物的本质，万念俱静，不做让人羡慕的事，更不会与其他人争名，所以不为天下先。

有了慈爱，才能勇武；真正有了慈爱之心才能做出勇敢之事。正常情况下，一只野猪碰到花豹只会逃跑。可在非洲草原上，一只花豹在湖边捉住了一只小野猪，正当它要杀死小野猪的时候，母野猪闻讯赶来，一嘴将花豹拱出好远，吓得花豹夺路而逃……慈爱的力量是伟大的，是其他力量不可比拟的。真正拥有了慈爱之心，一定会奋不顾身的。有了俭啬，才能做很多事情；这里的“广”，是广大、众多的意思。不敢居于天下人之先，所以能成为万物的首长。

“今舍慈且勇；舍俭且广；舍后且先；死矣！”现在丢弃了慈爱而追求勇武；丢弃了啬俭而要做很多事情；舍弃退让而求争先，结果是走向死亡。

“夫慈，以战则胜，以守则固。天将救之，以慈卫之。”慈爱，用来征战，就能够胜利，用来守卫就能巩固。天要援助谁，就用慈爱保护他。

在这里，老子先提出“三宝”，而后再提出“三宝”的作用。这似乎与老子简捷的文风不符。其实，“三宝”的作用还有很多。

老子的“三宝”，其实是管理的三大法宝。

“一曰慈”，管理的主体应该用慈爱之心来管理。主要管理者应该充满慈爱之心，对待下属就和对待自己的孩子一样：他需要什么？他心里想什么？我该怎么做才能让他成长？如果我们的企业管理者心里始终想着自己的属下，而不是想着企业怎样发展、自己挣多少钱，那么企业的员工才会真正和你一样替企业操心，才会真正把企业的事作为自己的事来办，在这种情况下，企业想搞不好都很难。前几年，好些学者提出“忠诚胜于能力”，“责任胜于能力”；忠诚和责任哪里来的？是无条件的吗？就是养条狗，你不给它吃的，一见到它就打它骂它，它会对你忠诚吗？不会的。你要想让你的下属忠诚企业，把企业的事情当作自己的事情来办，唯一的办法就是你要把它当作自己的孩子一样爱护和关心。你充满慈爱之心，员工就会把企业当作自己的家。

“二曰俭”，“俭啬”与老子的“无为”思想是一致的。“俭”就是让人们不要胡作非为，不要无事生非，而是要顺应事物的发展规律一步一步地来。在一些企业，我们会常常看到，企业主要管理者总是要做一些与老子这一思想相对的事。其实，企业运作正常时，管理人员的事情并不是很多，而管理人员很忙时，企业运作总是存在这样那样的问题。可我们的主要管理者却不知道这个简单道理。他们总认为：我雇佣他们来是工作的，如果他们的事不多，我用他们做什么？因而，看到员工事不多时，总感觉不是滋味，总要找出一些借口让这些管理人员动起来。进行绩效考核，按理应该考核员工的绩效，可考核时却考核员工工作量大不大，平时忙不忙，结果员工只能想办法让自己忙起来——做一些无事生非的事，搞的生产部门忙于应付。在一些企业，管理人员很忙，但工作效率并不高，原因是他们的工作量有四分之一是在解决以前年度管理工作的失误，有四分之一又是在制造管理失误，有四分之一是在处理日常事务，只有四分之一的时间是在做有价值的工作。这样的企业能搞好吗？无事并不可怕，可怕的是无事生非。

“三曰不敢为天下先”。“不敢为天下先”并不是不为天下先，只是不在金钱、地位、名誉上不为天下先。企业主要管理者应该深刻领会老子的这一思想，把它运用到企业管理中来。企业主要管理者在金钱、地位、名誉上不仅要不争，而且要谦让，把金钱、地位、名誉让给有贡献的下属，这样你的下属会更加认真地工作，以回报你的知遇之恩，这样企业才会取得进一步的发展。要知道，企业的发展壮大才是企业主要管理者的主要目的。企业发展壮大了，主要管理者在金钱、地位、名誉上自然会有更多的回报。这就是“后其身而身先”的道理。

“三宝”中，以“慈”为本，以“慈”为要。只要能真心为“慈”，自然会“不敢为天下先”，自然会“俭”而不奢。

第十四章

[原文]

视之不见，名曰夷；听之不闻，名曰希；搏之不得，名曰微。此三者不可致诘，故混而为一。

其上不皦，其下不昧，绳绳兮不可名，复归于无物。是谓无状之状，无物之象，是谓惚恍。

迎之不见其首，随之不见其后。执古之道，以御今之有。能知古始，是谓道纪。

[解释]

“视之不见，名曰夷；听之不闻，名曰希；搏之不得，名曰微。此三者不可致诘，故混而为一。”老子在前面说，先于天地的那一“物”不可能与我们日常看到的任何东西相似，若像某一东西，那么它就太渺小了。不像任何东西，可不可以给我们描述一下呢？这一章老子做了交代：看它看不见，把它叫作“夷”；听它听不到，把它叫作“希”；摸它摸不到，把它叫作“微”。通过“夷”“希”“微”把黑洞的形状进行了描述：黑洞是无法形容的，也没办法来说明。我们无法用我们人类的视觉、听觉、触觉来感知黑洞的存在。所以我们也不能从这三方面来追究黑洞的存在，而应该把黑洞作为一个整体来研究，“故混而为一”，这个“一”就是“道”，就是老子说的“无”。

“其上不皎，其下不昧，绳绳兮不可名，复归于无物。是谓无状之状，无物之象，是谓惚恍。”“绳绳”：帛书版为“寻寻”，应该为寻寻觅觅；意为找不到合适的名称。它的上面既不显得光明亮堂；它的下面也不显得阴暗晦涩，我们没有办法称呼它，因为它始终都是无形无象的状态。这就是没有形状的形状，不见物体的形象，这就是“惚恍”。

“迎之不见其首，随之不见其后。执古之道，以御今之有。能知古始，是谓道纪。”迎着它，看不见它的前头，跟着它，也看不见它的后头。老子在这里说的道是“无”，是暗物质和暗能量，把握住这一点，用现在的科学技术来研究和开发暗物质和暗能量，就是“御今之有”。把握了“暗物质暗能量”，把握了“无”，能熟练运用“有”与“无”便能真正知道宇宙的起始，这就是老子写作“道”——天体宇宙的原因。

如果老子的“道”，就是我们所说的黑洞和暗物质。那么这一章就很好理解了。黑洞和暗物质不仅在老子那个年代人们看不到，即使现今人们也看不到它，摸不到它，听不到它，甚至我们感觉不到它的存在。我们现在之所以知道它的存在，是因为我们借助于现代科技，从它周围星球运动的规律计算出来的。即使如此，我们在检测它的时候，也很难测出它的形象，它到底是圆的还是方的？长的还是扁的？现代科技还找不出答案，老子当时也找不到答案，因此他用“惚恍”来形容。惚恍、恍惚就是模模糊糊，说不清楚的意思。黑洞有巨大的吸引力，我们的可见光、无线电之类的东西到了它那里都难以逃脱，都会被它吸进去出不来。因此我们从它的上面看不到任何光亮的地方，从它的下面也看不到任何的阴影，我们无法认识它，因而我们只能把它归结为“无物”。这种“无”，并不是真“无”，是我们无法认识的“有”，无法看到的“有”。这个“无”真真切切，它产生出星球，产生出地球，产生了万物。

由于老子那个时代没有办法认识和解释黑洞和暗物质，老子把黑洞和暗物质理解为道，理解为无，因而老子此处又讲“执古之道”，这个“道”是什么？就是无，就是暗物质与暗能量。我们应该谨记老子的提示，着力研究暗物质与暗能量，用暗物质与暗能量的原理来指导我们的科学技术，让我国的科技水平在一个新的起跑线上引领世界。如果我们真正做到了这一点，中国传统的“和”的思想将对世界产生更大影响，世界将不会有争斗，不会有战争，全世界的各族人民将会真正为人类命运共同体而一起努力。

“执古之道，以御今之有”，是老子站在他那个时代对我们后人提出的警示，我们应当牢记于心。

第六章

[原文]

谷神不死，是谓玄牝。

玄牝之门，是谓天地之根。

绵绵若存，用之不勤。

[解释]

前面几章讲了天地之前是一物，这一物难以形容。这一章老子对这一物进行进一步的分析。

“谷神不死，是谓玄牝”；谷，意指山谷。神，指神仙。这与老子当时的天地崇拜、祖先崇拜似乎是不合时宜的。那么，老子为什么会提出这样一个概念呢？我们认为，“谷”就是指山谷，这一山谷不是我们肉眼看到地球上的山谷，他所讲的山谷，是宇宙里的山谷。宇宙的山是什么？就是可以看到的相对密集的星星。宇宙中的“谷”是什么？是我们难以看到的相对密集星星之间的空间。这一空间如我们地球上的山谷一样，幽暗，深远，甚至神秘。这就是谷神的含义。

美国学者借助“威尔金森微波定向异性探测器”（简称WMAP）了解到，整个宇宙中只有4%的正常物体是我们能观察到的。22%是无法辨识的黑暗物体，另外的74%都是非常神秘的暗能量。研究认为，银河系中央至少有25000个小型黑洞围绕在特大质量黑洞附近。形成银河系中十分壮观、幽暗的“谷”。我们太阳系及其他一些星系围绕在这些黑洞的周围，围绕着这些黑洞运动。

这一研究结果很好地证明了“谷”的存在。

“谷神不死”就是说宇宙中神秘的、不可见的黑洞是不会消失的。“谷神不死”，无生便无死，无死也无生。因此，“谷神不死”一说，也是在告诉我们，宇宙没有“死”的那一刻，宇宙也没有“生”的那一刻。“谷神不死”一说，是老子于2000多年提出的宇宙学说。这一理论与2020年诺贝尔物理学奖获得者罗杰·彭罗斯的理论不同。罗杰·彭罗斯在微波背景辐射中找到了来自上一个宇宙特征的证据：6个直径相当于8个月球直径、温度稍高的点，这些点是黑洞蒸发完以后留下的印记，这些点被称为“霍金点”。到底是彭罗斯的理论正确，还是老子的主张正确，还有待科学家们的进一步努力。我同意老子理论，如果彭罗斯的理论正确，那么宇宙中不应该有早于宇宙大爆炸的星体。科学家发现天秤座HD140283恒星的年龄有160亿岁了。这一发现就是对彭罗斯的否定。

“是谓玄牝”，“谷神”就是“玄牝”。“玄牝”一词很有意思。“玄”字，在老子的著作中有两个含义；一是第一章讲的“玄之又玄”是奇妙的意思；另一个是此处讲的，含义是“黑色”的意思。“牝”指雌性动物，这里指雌性动物的生殖器，是一个“洞”。老子讲的玄牝，应该是指宇宙中的黑洞。

“玄牝之门，是谓天地之根”。玄牝之门即黑洞。黑洞是天地产生的神奇的母体，这个神奇的母体，也是天地产生的根源。

“绵绵若存！用之不勤”。绵绵，是指其软绵绵的，这与老子在四十章讲的弱者道之用是相同的。正因为是柔弱的，软绵绵的，因而老子接着说，“若存”，若有若无，看不到任何形状，它好像存在啊！但是它生产星球的过程却从未停止过(用之不勤)。

宇宙黑洞说是近现代科学才证实的。二千五百年前黑洞说还没有提出。那么，为什么我们认为老子说的玄牝是指黑洞呢？这只是我们的猜想。因为当时老子的气功已经达到很高水平。气功达到一定水平后就能内视、外视。中国古代气功师通过内视发现了人体的经络学说，这一学说至今还不能被现有的科学仪器予以证实，但人体经络学说的成立已经不再被我们的国人怀疑。内视是人们通过意念来观察人体，外视是人们通过灵魂观察外界。中国古代有许多高人，既能内视外视又能前瞻和预视。袁天罡、李淳风的推背图就是对未来的一种预测，这种预测许多观点已经被后世所证实。我们猜测，老子当时的气功水平很高，对宇宙的观察，对人类自身发展历程的探求是当时人们的渴求，作为一个高水平气功师也一定做过这方面的探索，且通过外视前瞻看到了宇宙的现状，看到了黑洞。可是，当时的人们不可能用后代的语言来表述这一发现，所以用了“玄牝”的概念。因为当时人们只崇拜天地和祖先，还没有神仙崇拜，老子不能解释黑洞，但黑洞又是那样的神奇，难以表述，所以用了“玄牝”一词。而“玄牝”一词要比黑洞一词更能形象、具体地表现黑洞的一些物理特性。比如黑洞喷射小行星的过程，正如动物从产门产出新的小生命过程一样。黑洞的概念较死板，而“玄牝”一词则更形象、更准确地描述了这一过程。

老子在第十六章提出“致虚极，守静笃；万物并作，吾以观复”。这就是老子对宇宙的研究方法。

老子的这一观点也正好证明了我们的猜测。

第四章

[原文]

道冲，而用之或不盈。渊兮！似万物之宗。

锉其锐，解其纷，和其光，同其尘。

湛兮！似或存。吾不知其谁之子，象帝之先。

[解释]

上一章讲了“玄牝之门，是谓天地之根”，这一章接着讲“玄牝之门”是如何产生星球的。

“道冲，而用之或不盈”。老子认为“道”就如同山谷一样幽暗深远。在这里又用了一个“冲”字。冲是冲出、冲破的意思，这里我们可以把这个“冲”理解为爆炸。冲又不是什么东西在冲，而是道自己在冲，从黑洞中冲出一些物质来；而这个“冲”我们也可以理解为爆炸时爆炸物从内向外的这个过程；这就是万物的成因：它是那么大，那么多，是那样的无穷无尽，用它来组成万物，都不可能把它用完。

“渊兮！似万物之宗”。黑洞是那样的幽暗深远啊！好像是万物的祖宗。

冲出来的这些物质怎么成为地球的？

“锉其锐，解其纷，和其光，同其尘。”。大量物质相互碰撞锉掉其锐利的部分，相互吸引聚集在一起使纷乱的局面得以平静；相互的光亮结合在一起，因碰撞而出现的大量尘土也都消失。

“吾不知其谁之子，象帝之先。”我不知道它是谁的儿子，但可以肯定地说，它好像在上帝出现之前就出现了。

老子用这样简洁的语言把“道”形成地球的过程做了这样的表述，与后面谈到的“道生一，一生二，二生三”相互呼应。

银河系中央的小型黑洞能够超速“喷射”行星。美国哈佛——史密森天文物理中心赖安·奥利里和阿维·利奥伯从事的研究表明，银河系中央许多小型黑洞喷射出大量行星。利奥伯说：“小型黑洞比特大质量黑洞喷射行星的速度更快！研究被喷射行星的轨迹和速度将有助于天文学家测定多少黑洞会喷射行星以及它们是如何喷射行星的。”当某些小型黑洞将行星喷射出银河系时，它们会进一步地靠近特大质量黑洞。这一研究成果更进一步证明了道“冲”的过程。

对于“冲”的理解，自古及今许多人都理解为“虚”“空”。认为道是虚的，只是规律，属于无的范畴。这样理解，对“锉其锐，解其纷，和其光，同其尘”的把握就不会很准确了。“冲”只应该理解为冲出、冲破的意思，是一个动词。与后面的“锉”“解”“和”“同”相呼应。

网上报道：星球是星系碰撞产生的。美国加州大学的科学家利用超级电脑，证明在一百多亿年前的宇宙初期，无数星球的形成，是来自星系的互相碰撞。细小星系互相碰撞，将宇宙气体带到巨大星系的中心，气体凝结，产生星球；科学家从超级电脑计算的结果，断定星球是由星系的碰撞产生的。这一研究成果恰好可以证明“锉其锐，解其纷，和其光，同其尘”。锉掉它锐利的部分，解除掉它们之间的纷乱，调和它们的光亮，混同相互的尘土。这四个词都是在描述星体碰撞以及形成的过程。

“湛兮！似或存。吾不知其谁之子，象帝之先。”黑洞是那样的深远啊，它是“无”，但它好像真的是“有”。黑洞是难以观测的，我们用现代科技观测黑洞也只能是通过观测黑洞周围星球运动的规律来判断它的存在，根本不能用光电学仪器来测量黑洞，因为光电都会被黑洞强大的吸引力吸进黑洞出不来。我们从光学的角度看，黑洞是什么也不存在的，是“无”。真的是“无”吗？肯定不是，老子用了“似或存”来概括，可以说精炼至极。老子接着说，我不知道它是谁的儿子，好像在上帝之前就有了。这是对有神论的极有力的批驳，并不是上帝创造了地球，而是黑洞产生了宇宙。黑洞这一“物”产生于上帝之前。

也就是说，黑洞是宇宙产生的根源，是宇宙的根本。对于这一点，还有待科学家的进一步证明。

第四十二章

[原文]

道生一，一生二，二生三，三生万物。

万物负阴而抱阳，冲气以为和。

人之所恶，唯孤、寡、不穀，而王公以为称。

故物或损之而益，或益之而损。人之所教，我亦教之。

强梁者不得其死，吾将以为教父。

[解释]

“道生一，一生二，二生三，三生万物。”“道生一”，这个“一”是什么？这个“一”应该是泛指，与后面的二、三一样，都不能理解为具体指什么。此句的含义是道生成万物时是由少到多的渐进过程。

有许多学者认为一就是指道。这个说法是值得商榷的。如果道是一，那么就会出现道生道，既然道生道，那么再给道用“一”这个名字又有什么益处呢？道生了天地，天地生出阴阳，阴阳是什么？阴阳是对相互对应事物的统称，如有机物与无机物，生物与非生物，动物与植物……老子所说的“二”应该就是指这些相对应的事物。“三”在先秦时期是多数的意思。二生三就是说，有了阴阳，很多的东西就生出来了。有了很多东西，万物也就随之而生。任何事物都有阴阳两个方面，而这矛盾的两面并不是划分得很清的，而是你中有我，我中有你。

“万物负阴而抱阳，冲气以为和。”天下所有事与物都是阴与阳的矛盾体，没有矛盾的事与物是不存在的。“负”，背负的意思。背负的东西要重，要多，而“抱”的东西相对要轻，要少。宇宙中暗物质暗能量属阴，而可见物质属阳；阴占大多数，而阳仅占4%，所以老子说“万物负阴而抱阳”。

矛盾着的事物之所以是该事物，就是因为事物内部矛盾的双方处于平和状态；这就是“冲气以为和”。这个“冲”字很有意思，它把阴阳两方面的“中和”活动一下就高度概括了，甚至我们现在还没有那么形象的词来形容和概括事物内部矛盾着的双方互相依存，互相转化的过程。

“万物负阴而抱阳，冲气以为和”这一观点是很深刻的。我们以往学辩证法，总认为矛盾的双方是彼此对立的，界线划得很清。其实不然，事物之所以成为其本身，就是因为其内部矛盾的双方没有完全对立起来，也没有很明确地划分出你和我，如果能把事物内部矛盾的双方很明确的划分出了对立的双方，此一事物也许就很快变成另一个事物了，之所以还能成为自己本身，就因为矛盾着的双方能“冲气以为和”。

“和”的思想是中国哲学的重要内容，我们的“五行”哲学就是以“和”为基调的，“五行”中任何一方过于强盛或过于弱小都不好，而金、木、水、火、土五行相互帮扶、相互制约，最后达到一种相对平衡则是最佳状态。阴阳思想也是一样，阴阳任何一方过于强盛都不好，因为任何一方的强盛都会导致此一事物的不存在。当然，传统哲学并不排斥事物的变化，而是始终讲事物的变化，但是当一事物还是此事物，且没有出现成为它事物的征兆前，传统哲学是以和为基调的；而当一事物将要灭亡时，传统哲学则主张顺势而为。这一点很重要，我们以往学哲学，虽然也讲量变，但重点似乎却在质变上。

下面这一部分与上一部分的内容明显不同。放在道论（下）第四十章后较合理。

“人之所恶，唯孤、寡、不穀，而王公以为称。故物或损之而益，或益之而损。人之所教，我亦教之。强梁者不得其死，吾将以为教父。”（穀，此处含义为谷）人们所厌恶的就是“孤”“寡”“不穀”，但王公却用这些名称来称呼自己。世上的许多事物，如果减损它却反而得到增加；如果增加它却反而得到减损。别人这样教导我，我也这样去教导别人。“强梁者”有的学者把它译成“强暴的人”，这种说法得到多数学者的认同。我觉得这样翻译不太适合，“梁”应该是当时的地方方言，“梁胡子”“梁棒”等的简称，意思是什么也不知道的人。“强梁者”就是胡作非为的人。“教父”，父：根本、宗旨之意。整句话的意思应该是：人们不懂得无为的好处，不知道顺应自然，强行做一些违背自然规律的事，一定会受到自然的惩罚。“不得其死”是倒装句，不该死的时候（地方）死了。我把这句话当作施教的宗旨。

第三十四章

[原文]

大道氾兮，其可左右。

万物恃之以生而不辞，功成不名有。

衣养万物而不为主，常无欲，可名于小；

万物归焉而不为主，可名为大。

以其终不自为大，故能成其大。

[解释]

“大道氾兮，其可左右”。氾（fàn）意为泛滥。大道象洪水一样泛滥，存在于所有的时空当中，谁能左右得了它呢？

道存在于万事万物之中，存在于宇宙的每一个角落，且道按自己的规律运行，谁都控制不了它，左右不了它。

“万物恃之以生而不辞，功成不名有。”“道”提供了万物赖以生存的环境，使万物得以生长壮大。如果没有如此良好的环境，任何东西都难以生存。万物发展壮大了，形成如今这样繁荣的景象，“道”没有在任何一物面前说：“你有今天，功劳全在我。”道产生了天地，天地产生了万物，且任由万物按自身的规律发生、发展、灭亡。在这个过程中，道和天地并没有把万物中的任何一物作为自己的私有物格外关照，因此才有

“天地不仁，以万物为刍狗”的说法。万物发展壮大了，那也是万物自己的事，“道”并不会因为万物的发展而沾沾自喜，更不会以此为功。

此句意思是：万物依靠“道”才能生存发展，而“道”自始至终也没有推辞，万物依赖“道”的恩泽壮大了，道也不认为自己有功。

“衣养万物而不为主，常无欲，可名于小；万物归焉而不为主，可名为大。”它养育万物而不自以为主，永远也没有为自己谋求利益的想法，因而说“无欲”，正因为没有任何欲望，我们可以称它为“小”，万物归附而不自以为主宰，可以称它为“大”。“道”永远无欲无我，产生万物也并不是有意为之，纯是无为之举，因而万物并不知道自己是“道”的产物。无人知也无物晓。因而万物感觉不到“道”的存在。既然感觉都感觉不到，还谈何大小？无所谓大小，这里老子以“小”述之。但是，任何物最终都要回归到“无”，因而“道”是难以言表的“大”。无欲便为小，这是生活的真实写照。如果你能真正达到无欲的状态，恬淡清静，顺其自然，别人会认为你是极其普通的一个人，相对于大人物而言，这是个“小”人物；但如果你真正开悟了，你的内心却无比的强大。

“以其终不自为大，故能成其大。”正因为他不自以为伟大，所以才能成就它的伟大、完成它的伟大。

道产生了天地、太阳和地球，地球上的一切生物都依赖太阳而生存，如果没有太阳，则一切生物由于得不到热量而难以生存。所以说万物依赖它生长，但它从来不推辞；给万物提供了生长的各种条件而不为主；对于天地来说，它没有任何主观的意愿和欲望，可以认为它是小的，万物依附在它身上，它也没有认为自己是万物的主宰，所以我们可以认为它大。可天地本身没有任何意识，不可能认识到万物依附在它身上，所以它也根本不会认为自己有什么了不起，正是由于它的无知无欲和不计成本的付出，造就了它的伟大。

老子所说的“道”，在这里一直是指宇宙本源。是道产生了天地，太阳和地球。而天地太阳和地球也是低一层次的道，因而太阳和地球也含有“道”的品性。道的品性是什么？只奉献不索取，无欲无求。

“道”作为抽象概念，它在讲述宇宙本体时是指宇宙黑洞，以及与此相关联的太阳地球，还有宇宙本身；但是在谈论事物的规律性和事物的“道理”时却不表现现实事物的本身。所以我们研究“道”时，既要让思想插上想象的翅膀，和老子一起在太空遨游；也要运用逻辑思维能力进行理解和推论。

第六十二章

[原文]

道者，万物之奥。

善人之宝，不善人之所保。

美言可以市尊，美行可以加人。人之不善，何弃之有？

故立天子，置三公，虽有拱璧以先驷马，不如坐进此道。

古之所以贵此道者何？不曰：求以得，有罪以免邪？故为天下贵。

[解释]

“道者，万物之奥。”这一句最难理解的是一个“奥”字。这个字王本河上公本都作“奥”，而帛书作“注”。“注”是注入。河上公注：“奥，藏也。道为万物之藏，无所不容也。”后人几乎都延用这个解释，看来不太符合老子原意。“奥”：室之西南方，是古时祭祀摆设神主或家中尊长居坐之位；也喻指最高统治者。这样“道者，万物之奥”的意思是：道是万物的主宰者。

“善人之宝，不善人之所保。”在这里，“道”指万物运行发展的总规律，万事万物只要按照“道”的要求去做，就会顺风顺水，一帆风顺；如果不按“道”的要求做，就会遭到天地自然的惩罚。正因为如此，善良的人把“道”当作是珍宝，依“道”而行，不善的人如果也能依“道”而行，道也不会抛弃他——也会对他进行保护。为什么会是这样呢？因为在“道”看来，“天地不仁，以万物为刍狗，圣人不仁，以百姓为刍狗”，在“道”的眼中，人与其他物品是没有什么区别的，人里面善与不善是没有什么区别的，只要你不违“道”而行的事，就不会遭到惩罚。

“美言可以市尊，美行可以加人。”“市”，市场，交换之意。“加”，加重，见重于我之意。美好的言辞可以换来别人对你的尊重，良好的行为可以见重于人。

“人之不善，何弃之有？”人们所表现出的不善良的言行，怎么能够嫌弃他呢？老子认为，好的言行能够换来人们的尊重，不好的言行换不来任何别人的尊重，但我们也不应该嫌弃他。这是很重要的一条教育原则。多数的犯人并不一生下来就表现出了犯罪者的本性。只是在他的成长过程中，我们的教育把他们推向了罪恶。我们表扬好的言行，对于不太好的言行，我们除了批评还是批评。一次如此，两次如此，久而久之则把这个人推向了社会的对立面。因此，对于一些不善良的言行，我们切不可嫌弃——这是老子他老人家对我们后人的忠告。

我们的早期教育者应该牢记老子的教诲，平等对待每一个学子，对于不太好的行为及时引导，切不可用批评的言行或看不起的神态对待孩子。

“故立天子，置三公，虽有拱璧以先驷马，不如坐进此道。”所以在天子即位、设置三公的时候，这些人双手捧着玉璧，坐在四匹马拉的豪华车子上，虽然表面上如此风光，但是不如把这个“道”进献给他们，繁华过后是荒凉。与其过后的荒凉，不如现在静下心来悟道修道，完善自己。

“古之所以贵此道者何？不曰，求以得，有罪以免邪？故为天下贵。”“不曰”：不是有这样的说法。自古以来，人们所以把“道”看得这样宝贵，原因何在？不是有这样的说法吗？求它便可以得到；而且有了过错，也可以得到它的宽恕。就因为这个，天下人才如此珍视“道”。

“道”并不仅仅是为善良之人所领悟，不善人也不会被道所抛弃，因为道并没有把人们分成善人和恶人的，对于“道”而言，它没有分别心，对待任何人和事都是一样的，都把他们当作“刍狗”。只要人们一心向道，深切体会“道”的精髓要义，即使有罪过也是可以免除的。老子则从主客观两个方面为有错者提供了出路，“道”不嫌弃犯罪之人，肯定会给他改错的机会；而犯罪者本人也必须体道、悟道，领会道的真谛，主客观这两方面的条件缺一不可。

第三部分 道论（下）

老子通过阐述宇宙观，总结出宇宙这行的三大规律，这三大规律也是天人合一的三个主要方面。

老子在《道德经》第四十章集中把道的三大规律进行了阐述。

“反者道之动”是老子提出的朴素辩证法思想，这一思想在人类哲学的发展史上占有重要地位。物极必反，天下万物都要遵从这一基本“道”的准则。反向发展是“道”作用的结果，也是“道”的总规律。由此规律出发，老子提出了应运于人类社会的“知止”思想。

守柔处弱。“道”在作用于万物时，用的都是“弱”。让任何事物都感觉不到它的存在，它也不对万事万物施加任何影响，任由事物自由发展，这一过程，从“道”的角度看是“无为”；从物的角度看是“弱”。“弱者道之用”是很重要的思想。老子认为，在宇宙运行中，星体之间的引力是很“弱”的。这一点应该引起科学家的注意。

“反”与“弱”是“道”发挥作用的过程和结果，是“道”必为之举。从我们人类自身的角度看，“反”与“弱”又是解决事情的方法。

关于“无”的内容，我们在绪论中进行了部分讨论，在“无为论”中还要进行相关阐述，因此在这一部分不做讨论。

第四十章

[原文]

反者道之动；

弱者道之用；

天下万物生于有，有生于无。

[解释]

“反者道之动”，历来解释者有两种观点：一是说矛盾着的对立物各自向着自己的对立面转化；二是说事物运动变化的规律是循环往复。其实这两种解释的意思是相通的。因为从事物发展的时点上看，是矛盾着的事物向自己的对立面转化；而从事物发展的过程中看，则是事物运动变化的循环往复。

“道”无时不有，无处不在，是不断运动发展的。然而他的运动规律却是向相反的方向发展的。天下万物都是向着自己的“反”方向运动发展的。因而我们正向求，会得到反向的结果；而反向求却会得到正向的结果。这就是老子无私而成其私，无为而成其事，无欲而成其欲，无争而成其名的依据所在。

“反者道之动”，老子在这里以天地为理来说明这个道理。反向求理才得正理。世间之事都是反向的。求佛不能外求，修道也不能外修。

“弱者道之用”，事物的发展如同一个人的生长过程，经历着从无到有，从小到大，从大到强，从强到衰的过程。循环往复是“道”运动变化的结果。柔弱是“道”的功用。在这一句中，“弱者道之用”是整句话的核心。“弱者道之用”，是说“道”在发挥作用的时候，用的是柔弱的方法，它没有对人或物下达过任何指令，也没有对谁说你今天该做啥了，明天该做啥了。道创造万物，并不使万物感到有什么强迫的力量，而是自然而然地发生和成长。用弱和用强，也就是“无为”和“有为”的区别。

“弱者道之用”的第二层意思是说，宇宙中大到星系，小到星体，其相互之间的作用力是“弱”的。老子的这一认识与现代物理学、宇宙学的理论不同。现今的科学家们研究星体间的作用力，往往用万有引力，可实际上一个星球围绕另一个星球运动，相互之间的吸引力并没有万有引力大。老子的这一观点是否正确，有待科学界的认证。

“天下万物生于有，有生于无”。天下的万物产生于看得见的有形物，有形物又产生于不可见的无形物。天下万物产生于地球，是地球给了万事万物产生和生长的环境，而地球却是由宇宙黑洞发展而来的，宇宙黑洞是人们用肉眼无法看到的无形物。宇宙中的星球都按自己的运行轨道循环往复地运行，这种运行在老子看来是从一点运行一周后又回到这一点上，是纯自然的运行，是道在动。

老子《道德经·第四十章》：“反者道之动，弱者道之用，天下万物生于有，有生于无。”这短短的 21 个字，却道尽天地间各股力量互动及成长的原因及过程。宇宙万物是由相反对立的各种形态所构成，这种相对立的形态，其实也是相辅相成的。既然一切是循环相生，则弱必生强，强必转弱，弱是强的成长基础，强也会成为转弱的起点。因此，老子强调“守弱”，弱者道之用也。柔弱者所以能胜刚强，在于弱者较容易“存活”下去，显现柔弱面，使其更易于保存生机。随着时间的推移，原先的弱者会转为强者，但变强以后，又可能趋于弱，如何使自己永不转弱，也就是老子所谓的“守弱”之道。守弱的要诀，老子主张谦下，虚怀若谷，永远努力找出自己的弱点，便可以维持住“转强”之势。不让刚强之气显出来，反而可以长久维持住内部的强韧。我们知道，太极拳讲究松静沉柔，要柔中找劲，在柔中练劲。等真正练到家了，你这里是柔的，但接触者却能感到一股无形的巨力。因此，守弱之道，也实为修身养性之道。

“反者道之动，弱者道之用。天下万物生于有，有生于无。”在这一章中老子集中把道的三大特征写了出来：一是反，二是弱，三是无。

“天下万物生于有，有生于无。”老子讲“有”和“无”，并把“无”当作第一性的东西，甚至把“无”等同于道，是万物之源。而“有”则是第二性的东西，从属于无，是无产生了有。无并不是空无，无是实有，是暗物质，是暗能量，是宇宙黑洞。

第七章

[原文]

天长，地久。

天地之所以能长且久者，以其不自生，故能长生。

是以圣人后其身而身先，外其身而身存。

非以其无私邪？故能成其私。

[解释]

“天长，地久。天地之所以能长且久者，以其不自生，故能长生。”天长地久，天地所以能长久存在，是因为它们不为了自己的生存而自然地运行着，所以能够长久生存。常言道：人活七十古来稀。现代医学进步很大，长寿者也日益增多，但相对于天地来说是微不足道的。正是在这个意义上说，天地的存在是长久的。而天地的长久是因为天地始终没有为自己而生存，正因为不为自己，才得以长存。

“是以圣人后其身而身先，外其身而身存，非以其无私邪？故能成其私。”因此，有道的圣人遇事谦退无争，反而能在众人之中领先；将自己置之度外，反而能保全自身性命。这不正是因为他无私吗？所以能成就他自己的事业——大私。

圣人之所以是圣人，就在于其做任何事的出发点是为了广大民众，做事的全过程也是为了广大民众，用我们共产党人的话说是“全心全意为人民服务”。正因为他在全过程都是为了人民，不存在任何个人的利益和私心杂念，因而处理的事情都能做到无私且公正，民众在这个过程都能得到公平的利益。

小到个人，大到国家，真正能摆正自己的位置，做有利于众人的事，不做损人利己的事，这个国家就会得到大多数国家的认可和支持，否则只会让自己孤立。美国为了自身利益，不顾世界贸易规则，在全世界挑起贸易争端，搞贸易保护；自以为自己是世界“老大”，对其他国家进行制裁，其做法正是开始走下坡路的不自信的表现。反观中国，习近平主席提出“一带一路”的倡议，得到沿线国家的拥护和支持，也得到世界的认可。“一带一路”是站在人类命运共同体的角度提出的，它有利于各个国家的互联互通，有利于各个国家的共同富裕。我们在改革开放初期就提出“要想富，先修路”的口号，经过几十年的奋斗，中国走出一条让全世界都羡慕的路。“一带一路”的倡议，就是为了让世界各国互通有无，促进全人类的共同进步。

第二十二章

[原文]

曲则全，枉则直，洼则盈，敝则新，少则得，多则惑。是以圣人抱一为天下式。

不自见，故明；不自是，故彰，不自伐，故有功；不自矜，故长。

夫唯不争，故天下莫能与之争。

古之所谓“曲则全”者，岂虚言哉？诚全而归之。

[解释]

“曲则全，枉则直，洼则盈，敝则新，少则得，多则惑。”

委曲才会保全，弯曲便能伸直；低洼就会充盈，陈旧才能更新；少些便会获得，贪多便会迷惑。

此处老子进一步对“有之以为利，无之以为用”作了进一步的说明：有之以为利，但并不是所有的“有”都有利，这种利，少一些才会有利，多了就会迷惑。此段的核心就在于“少则得，多则惑”。告诫人们要知足知止，不要贪恋外在的虚无世界，而要专注于内心的修养。

“少则得，多则惑”是在告诫人们对外在的物质东西不要过于贪求，如果陷进外在的物质洪流中，会越陷越深，越来越迷茫，越来越不能自拔。物质财富就如同水一样，一杯——那是你自己的，一桶——是你一家人的，如果是一条河——绝不可能是你一家人的。所有贪官都不明白这个简单的道理，都几千万了，还继续贪，结果入了大狱。入了大狱后明白，钱多了也不是好事，自由比金钱更重要。如果对此没有清醒的认识，我们就不会把此章的内容与全书其他章节很好地融合。

“是以圣人抱一为天下式。”所以有道的人坚守这一原则作为处理天下事的范式。那么，这一原则是什么？多数学者没有给出答案，而少数学者给出的答案是：一是指道。但是，这样解读总有些说不通，有的学者又对此进行了一些限定，而有的学者认为还是说不通。可以说，学者们的认识都是正确的，但是没有找到正确的答案。我认为，这一原则大一些讲是指老子倡导的“守柔处弱”思想，小一些讲就是指“曲则全”，老子在本章最后用“诚全而归之”对此进行了总结。在这里我们应该清楚，老子前边讲的“曲”“枉”“洼”“敝”并不是讲辩证法，而是讲柔弱一方的发展方向，而最后一个“少则得，多则惑”虽然是辩证的两方，但重点还是讲“少”，而不是“多”；多与少比较，“少”显然更有柔弱的性质。老子在这里又一次教导人们，要始终坚持“守柔处弱”这一基本原则，并用这一原则来指导我们的一切。

所以老子接着引出“四自”：“不自见，故明；不自是，故彰，不自伐，故有功；不自矜，故长。夫唯不争，故天下莫能与之争。”

不自我表现，反而能在众人中显得与众不同；我们常常会看到有的人爱自我表现，其目的无非是引起领导或人们的重视。但是实际上呢？这些爱出小风头的人不仅不会引起领导和人们的重视，反而给人们留下不稳重的印象。结果与事实恰恰相反。而那些在工作中踏踏实实、埋头苦干的人，虽不事事自夸，但其踏实能干的印象会根植于人们的心中。

不自以为是，反而能彰显自己的正确；这是我们每个人极易犯的一个错误。我们总认为自己是对的，别人是错的。为了证明自己的正确，就得否定别人的错误，互相争执，结果谁都不服谁。如果你不自以为是，你的正确意见会在事物发展中被证明，那时，人们会主动认可并从心里佩服。如果你和他们争执，即使证明你对了，人们心里也并不认可，有时虽然心里认可了，嘴上仍不会认可。因此，老子教导我们说："不自是，故彰。"

不自我夸耀，不炫耀自己，反而能让别人认可你的所作所为，获得相应的功劳；一般情况下，人们做出一些成绩总会在别人面前夸耀自己，炫耀自己，好像自己做了什么惊天动地泣鬼神的大事，越是自我标榜，人们越是反感，因为你只是做了自己应该做的本职工作，并没有比别人高到哪里，因此自己越是炫耀，人们越是不认可。如果你做了工作，而且做得比较出色，你不自夸，反而容易被人们认可。因此，我们做出一些成绩时，要低调一些，不要自我炫耀，要知道"人民的眼睛是雪亮的"。

不自我矜持，不自高自大，不目中无人，与周边的群众融成一体，才能做这个团队的领导。有的人当了一个小领导，自己就感觉了不起了，飘飘然起来，感觉自己本来就是当领导的料，就应该高人一等，看不起周围的百姓，动辄颐指气使，要么吆天喝地，把自己排斥在周边人之外。你把自己排斥在团体之外，反而要做这个团体的领导，一方面你不了解团体内的情况，是不“知己”；另一方面，人们未必服从你的领导，听众你的指挥，此即不“知彼”；既不知己又不知彼，你怎么做这个团体的领导？同时，我们也可以看到，一些领导人没有臭架子，和周围群众打成一片，想群众之所想，急群众之所急，有什么工作，一声令下，立即保质保量完成。这样的领导在群众的心中，才是真正的领导。

正因为不与人争，所以遍天下没有人能与他争。此句是对上面“四自”的总结。你不争反而有，争则无。符合老子的“反者道之动”的思想。

“古之所谓‘曲则全者’，岂虚言哉？诚全而归之。”对于这句的翻译，人们普遍认可。古时所谓“委曲便会保全”的话，怎么会是空话呢？前半部分没什么问题，但是后面这部分人们普遍把它译成：它实实在在能够达到。我感觉说不通。“诚”是诚实、确实之意，“全”是全部之意，“而”语气助词，“归之”是回归到这里，即回归到“曲则全”处。因此，此句应译为：确实，生活中所遇到的所有问题都会归结到“曲则全”处。

第二十四章

[原文]

企者不立；跨者不行；自见者不明；自是者不彰；自伐者无功；自矜者不长。

其在道也，曰余食赘形。物或恶之，故有道者不处也。

[解释]

“企者不立；跨者不行。”踮起脚跟想要站得高，反而站立不住；迈开大步想要跑得快，反而跑不了多远。

“自见者不明；自是者不彰；自伐者无功；自矜者不长。”自我表现的不是明智之举；自以为是的反而得不到彰显；自我夸耀自我表扬的建立不起功勋；自高自大的不能做众人之长。

“其在道也，曰余食赘形。”赘（zhuì），多余之意。从道的角度看，以上这些急躁炫耀的行为，只能说是剩饭赘瘤。

“物或恶之，故有道者不处。”因为它们是令人厌恶的东西，所以有道的人绝不这样做。

“企者不立”“跨者不行”“自见者不明”“自是者不彰”“自伐者无功”“自矜者不长”。这些表现与其结果往往是对立的、相互矛盾的、相反的。这是老子思想中极富精义的部分。老子一直主张顺其自然、无为而治，而“企者”“跨者”“自见者”“自是者”“自伐者”“自矜者”都是强为之举，是不能让人们接受的行为，因此有道的人不会这样做。

世事是反向的。我们越是追求的东西越是得不到。有的人以为这是老天在和他作对；其实不然。老子在这里给出了答案。你做了事，有了功劳，千万不要自夸，不自夸反而别人认可你的功劳，越是自夸越是得不到；遇到难解的事要多方面听取意见，越是不同的声音越要多听，越是自以为是越是事与愿违。

第十八章

［原文］

大道废，有仁义；

智慧出，有大伪；

六亲不和，有孝慈；

国家昏乱，有忠臣。

［解释］

“大道废，有仁义；智慧出，有大伪。”大道被废弃了，才有提倡仁义的需要；聪明智巧出现了，假冒伪劣就会猖獗。

“六亲不和，有孝慈；国家昏乱，有忠臣。”家庭不和矛盾不断，才有必要提倡子孝与父慈；国家陷于混乱，才能显现出忠臣。

世间之事都是反向的，反向运作才符合“道”。国家大治、六亲和顺，就显不出忠臣孝子；只有六亲不和、国家昏乱，才需要提倡孝和忠，这也是相互依存的关系。就是说，社会对某种德行的提倡和表彰，正是由于社会特别欠缺这种德行的缘故。有一段时间各大报纸都在呼吁要提高教师工资，每当看到这些，有一位老教师就说：要提高教师工资水平，说明教师的工资水平确实不高，不然就不会提高了。老子在此之所以要这样提，主要原因是孔子提倡仁义，且这种思想在当时几乎占据了主导地位，说明“道”已经被当朝废弃了。所以老子说“大道废，有仁义”。

第三十六章

[**原文**]

将欲歙之，必固张之；

将欲弱之，必固强之；

将欲废之，必固兴之；

将欲取之，必固与之，是谓微明。柔弱胜刚强。

鱼不可脱于渊，国之利器不可以示人。

[**解释**]

“将欲歙之，必固张之；将欲弱之，必固强之；将欲废之，必固兴之；将欲取之，必固与之，是谓微明；柔弱胜刚强。”歙（xī）收敛，吸进之意。想要收敛它，必先扩张它，想要削弱它，必先加强它，想要废去它，必先抬举它，想要夺取它，必先给予它。这就叫作极其精妙的聪明。柔弱可以战胜刚强。以上几个例子，都不是强硬作为的，欲歙则张，欲弱则强，欲废则兴，欲取则予，这些方法都是“柔弱”的。

“鱼不可脱于渊，国之利器不可以示人。”鱼的生存不可以脱离池渊，国家的军事利器不可以向人炫耀，不能轻易用来吓唬人。鱼离开水就会死；在冷兵器时代，任何先进装备只要让对方知道就毫无秘密可言。

在事物的发展过程中，任何事物都会走到某一个极限，此时，它必然会向相反的方向变化，这就是“物极必反”。老子一直讲“无为”，讲“柔弱”，怎样才能做到这些呢？老子在其他处讲了顺其自然的方法，而这里则教人们更为具体运用的方法，你想得到什么结果，不是要努力做，强行上，而是要向相反的方向引导。因而老子在三十六章明确教导：“将欲歙之，必固张之；将欲弱之，必固强之；将欲废之，必固兴之；将欲取之，必固与之”；而这样的方法表面上看起来柔弱，实质上蕴含着内敛，往往富于韧性，生命力旺盛，发展的余地极大。相反，那些看起来似乎强大的东西，极易走向自己的极限，向相反的方向发展，与其把它往回拉，还不如推其一把更省事。

对于这一章，有的学者说是阴谋论。这是站的高度不够的原因。因为事实本就如此。你要想削弱他，如果用常人的手段，就直接去削弱，但是这样会引起他的“反弹”，不仅不好操作，反而会让其发愤图强，结果会适得其反。如果你帮扶一下他，让他强一下，反而会由强转弱。许多家长教育自己的孩子时，往往怕孩子“输在起跑线上”，这个兴趣班，那个补习班，搞得小孩的童年在繁重的学习中度过，一些孩子认为学习是为家长学的，有的甚至对学习产生了强烈的反感情绪，没有了学习的兴趣。管得过多，不如适当放一下。不理会他，也许会刺激他的学习兴趣，管他、强迫他反而剥夺了他的兴趣。作为家长的我们，应该学会用反向的方法。

第九章

[原文]

持而盈之，不如其已；

揣而锐之，不可长保。

金玉满堂，莫之能守；

富贵而骄，自遗其咎。

功成身退，天之道也。

[解释]

“持而盈之，不如其已。”执持盈满，不如适时停止，因为满则溢。

“揣而锐之，不可长保。”显露锋芒，锐势难以长久保持。

“金玉满堂，莫之能守；富贵而骄，自遗其咎。”金玉满堂，无法守藏；如果富贵到了骄横的程度，那是自己留下了祸根。

“功成身退，天之道也。”事情做得圆满了，成功了，就要懂得退出来，这是符合自然规律的道理。

这一章主要是讲做人处事要留有余地，不要把事情做得太过，不要被胜利冲昏头脑。老子认为，“反者道之动”，不论做什么事都不可过度，都应该适可而止，锋芒毕露，富贵而骄，居功贪位，都是过度的表现，难免招致灾祸。一般人遇到名利当头的时候，没有不心醉神往的，没有不趋之若鹜的。老子在这里说出了知进而不知退、好争而不善让的祸害，希望人们把握好度，适可而止。本章的主旨在于写“盈”。“盈”即是满溢、过度的意思。自满自骄都是“盈”的表现。持“盈”的结果，将不免于倾覆的祸患。所以老子谆谆告诫人们不可“盈”，一个人在成就了功名之后，就应当身退不盈，才是长保之道。

贪图权位利禄的人，往往得寸进尺；恃才傲物的人，总是锋芒毕露，耀人眼目，总是认为自己得来的这些不容易，总要夸耀自己，但是这样总会引来不必要的麻烦，应该引以为戒。否则，富贵而骄，便会招来祸患。就普通人而言，建立功名是相当困难的，但功成名就之后如何去对待它，那就更不容易了。老子劝人功成而不居，急流勇退，结果可以保全天年。然而有些人则贪心不足，居功自傲，忘乎所以，结果身败名裂。比如秦国丞相李斯即是如此。李斯在秦国为官，已经做到丞相之职，可谓富贵功名于一身，权大势重不可一世。然而最终却做了阶下囚。临刑时，他对儿子说：“吾欲与若复牵黄犬，出上蔡东门，逐狡兔，岂可得乎？”不仅丞相做不成了，连做一个布衣百姓与儿子外出狩猎的机会也没有了，这是多么典型的一个事例啊！然而，对普通人而言，如果他没有身败名裂之时，是不大可能领会“功成身退”的真谛的。

作为普通人要做到淡泊名利与地位，才有可能“功成身退”。事物的发展本来就是在一定条件下向着自己的反面转化的，否泰相参、祸福相倚，古今中外的历史上长盛不衰者能有几人？“功成名就”固然是好事，但其中却也含有引发祸水的因素。老子已经悟出辩证法的道理，正确指出了进退、荣辱、正反等互相转化的关系，否则便会招致灾祸。因而他奉劝人们急需趁早罢手，见好即收。在事情做好之后，不要贪婪权位名利，不要尸位其间，而要收敛意欲，含藏动力。宋代著名文学家欧阳修有这样的诗句：“定册功成身退勇，辞荣辱，归来白首笙歌拥。”这正体现了“功成身退”的精神。

第五十八章

[原文]

其政闷闷，其民淳淳；其政察察，其民缺缺。

祸兮，福之所倚；福兮，祸之所伏。孰知其极：其无正也。

正复为奇，善复为妖。人之迷，其日固久。

是以圣人方而不割，廉而不刿，直而不肆，光而不耀。

[解释]

“其政闷闷，其民淳淳；其政察察，其民缺缺。”闷闷，为闷闷不响之意，说明政府的有为举动少甚至于没有，因而百姓就淳朴忠诚；察察，察察作响之意，说明政府的动作太多，动静太大，政府的有为之举太多了，今天这样一个运动，明天那样一个运动，因而百姓就“缺缺”，缺衣少穿，缺吃少喝。

“祸兮，福之所倚；福兮，祸之所伏。”灾祸啊，幸运依傍在它的里面；幸运啊，灾祸藏伏在它的里面。

“孰知其极：其无正也。”理解此句的关键是对“极”的理解。以往多数学者没有对此关注，因而都被前人的解释所诱导。“极”极点，极致，指事物由量变向质变转化的那个点。“正”在这里可以理解为标准。老子认为，谁也不知道事物发展变化的极点，它们并没有确定的标准。福何时转祸，祸何时转福，没有具体的标准，更没有确定的时间，这是任何人都很难把握的。

“正复为奇，善复为妖”，正与奇是对五十八章“以正治国，以奇用兵”的进一步解释，正确的转变为奇巧的，善良的转变为邪恶的，这种变化导致人们如丈二和尚一样摸不着头脑。

“人之迷，其日固久。是以圣人方而不割，廉而不刿，直而不肆，光而不耀。”人们对事物变化的迷惑，由来已久了。因此，有道的圣人方正而不生硬，有棱角而不伤害人，直率而不放肆，光亮而不刺眼。圣人明白物极必反的道理，因而在处理各种事情时，总是不把事情做绝，坚守中正，不让自己的言行出现偏差。

天下万事万物都处于变化之中，这种变化是不以人的意志为转移的，普通人对天下之事的变化多数都把握不准。而圣人则不同，圣人一方面保持着自己的本色，另一方面对事物的发展方向已经了然于胸，因而他在无为的情况下能顺应事物的发展，因为他不显露自己，而是把自己混同于尘世，顺应事物的发展，而不是另辟蹊径，胡作乱为。

第六十六章

[原文]

江海之所以能为百谷王者，以其善下之，故能为百谷王。

是以圣人欲上民，必以言下之；欲先民，必以身后之。

是以圣人处上而民不重，处前而民不害。是以天下乐推而不厌。

以其不争，故天下莫能与之争。

[解释]

“江海之所以能为百谷王者，以其善下之，故能为百谷王。”江海所以能够成为百川河流所汇往的地方，乃是由于它善于处在低下的地方，所以能够成为百川之王。这里，老子告诫统治者，不要总是高高在上，自以为了不起，应该谦下礼让，这样才能真正成为百姓喜欢的圣人君子。

“是以圣人欲上民，必以言下之；欲先民，必以身后之。”因此，圣人要领导人民，必须用言辞对人民表示谦下；要想领导人民，必须把自己的利益放在他们的后面。

“是以圣人处上而民不重，处前而民不害。是以天下乐推而不厌。”所以，有道的圣人虽然地位居于人民之上，而人民并不感到负担沉重；居于人民之前，而人民并不感到受害。天下的人民都乐意推戴而不是感到厌烦。

“以其不争，故天下莫能与之争。”因为他不与人民相争，所以天下没有人能和他相争。

本章讲的是“不争”的政治哲学。

“不争”之道也应该成为领导学的重要内容。作为领导，在名利方面本身就比别人高一筹，你虽谦让，但归属于你的总还是你的，如果你还觉得不够，还要和下属抢，你虽得到了一时的名，一时的利，但失去的是下属的人心，如果下属心怀不轨、怀恨在心，迟早一天他会向有关部门告发，到那一天，原本属于你的那份名利也会失去。如果不争，你会得到下属的拥戴，你的地位会更加巩固。

若想不争，关键在心量。心量大眼前那点名与利就根本不会放心上，心量不大才会在一些鸡毛蒜皮的小事上斤斤计较。心量大不大也决定一个人的事业能不能做大。有这样一位著名企业家，在他的企业还很小时，确定的目标就是要吃掉当地一家大它十几倍的企业，过了几年当企业真正有了发展之后，他的目标则是进军世界，而当地那家企业已经不在他的眼中了……因此，每一位想做一番事业的人，都应该把自己的心量往大放，容人之短，取人所长，团结、带领一批人才，你的事业肯定会成功。

第四十四章

[原文]

名与身孰亲？身与货孰多？得与亡孰病？

甚爱必大费，多藏必厚亡。

故知足不辱，知止不殆，可以长久。

[解释]

“名与身孰亲？身与货孰多？得与亡孰病？”声名和生命相比哪一样更为亲近？生命和钱财比起来哪一样更为贵重？获取和丢失相比，哪一个更有害？

“甚爱必大费，多藏必厚亡。”过分的爱就必定要付出更多的代价；过于积敛财富，必定会招致更为惨重的损失。

“故知足不辱，知止不殆，可以长久。”所以说，懂得满足，就不会受到屈辱；懂得适可而止，就不会遇见危险；这样才可以保持住长久的平安。

老子宣传的是这样一种人生观，人要贵生重己，对待名利要适可而止，知足知止，这样才可以避免遇到危难；反之，为名利奋不顾身，争名逐利，则必然会落得身败名裂之可悲下场。

虚名和人的生命、货利与人的价值哪一个更可贵？争夺获利还是重视人的价值，我们做何选择？这是老子在本章里向人们提出的尖锐问题，这也是每个人都必然会遇到的问题。老子讲的是对宠辱和虚名获利来说，不要贪图虚荣与名利，要珍惜自身的价值与尊严，本章里讲“知足不辱，知止不殆”，这是老子处世为人的精辟见解和高度概括。每个人都应该对自己的言行举止有清醒的准确的认识，凡事不可求全。贪求的名利越多，付出的代价也就越大，积敛的财富越多，失去的也就越多。他希望人们，尤其是手中握有权柄之人，对财富的占有欲要适可而止，要知足，才可以做到“不辱”。“多藏”，就是指对物质生活的过度追求，一个对物质利益片面追求的人，必定会采取各种手段来满足自己的欲望，有人甚至会以身试法。“多藏必厚亡”，意思是说丰厚的贮藏必有严重的损失。这个损失并不仅仅指物质方面的损失，而且指人的精神、人格、品质方面的损失。

其实，人生一世就生活在名利二字当中。有的人为了“名”不惜使出浑身解数，溜须拍马、逢迎做戏，根本顾不了自己的颜面，经过一番努力和挣扎，也混出了一些名气，当了个小官。当了官后便耀武扬威，一副不可一世的样子，根本不把别人放在眼里。而他自己则借用这张官皮，大肆贪污受贿。最后的结果可想而知。有的人似乎比这些人明了一些，一开始觉得与其当官捞钱，不如靠自己的知识智慧去商海中拼搏，其中一些确也达到了他们的目标，可是因为工作劳累过度带下一身病。实现了前半生拼命挣钱，后半生花钱买命的梦想。人生一世区区 3 万天，你奋斗也罢，努力也罢，拼命也罢……到底是想要做什么？宋朝佛印和尚有诗一首：“酒色财气四堵墙，人人都在里边藏；谁能跳出圈外头，不活百岁寿也长。”很好地说明了这一问题，这也是佛道追求的根本：跳出名利的束缚，真正实现人生的自由。其实，名是祸，利是害，追名逐利寻祸害。世人若知此中理，自在逍遥真欢喜。

第七十六章

[原文]

人之生也柔弱，其死也坚强。

万物草木之生也柔脆，其死也枯槁。

故坚强者死之徒，柔弱者生之徒。

是以兵强则不胜，木强则折。坚强处下，柔弱处上。

[解释]

“人之生也柔弱，其死也坚强。草木之生也柔脆，其死也枯槁。”人活着的时候身体是柔软的，死了以后身体就变得僵硬。草木生长时是柔软脆弱的，死了以后就变得干硬枯槁了。

“故坚强者死之徒，柔弱者生之徒。”所以坚强的东西属于死亡的一类，柔弱的东西属于生长的一类。

“是以兵强则不胜，木强则折。强大处下，柔弱处上”。因此，用兵逞强就会遭到灭亡，树木长大了就会遭到刀斧等器物的砍伐摧折。凡是强大的，总是处于下位，凡是柔弱的，反而居于上位。

老子认为：世界上的东西，凡是属于坚强者都是死的一类，凡是柔弱的都是生的一类。这个结论实质上指：坚强的东西已经失去了生机，柔弱的东西则充满着生机。因此，老子认为，人生在世，不可逞强斗胜，而应柔顺谦虚，有良好的处世修养。老子在这一章里所表达的思想是极富智慧的，他以自然和社会现象形象地向人们提出奉告，希望人们不要处处显露突出，不要时时争强好胜；要学会谦退、礼让。谦退礼让是老子个人修身处世的重要原则。

老子向来主张贵柔、处弱，他从直观的认识角度，看到了人初生之时，身体是柔弱的，死了以后就变得坚硬了，草木初生之时也是柔弱的，死了以后就变得枯槁。这种直观的、经验的认识，可以说是老子处弱、贵柔思想之基础。

第七十八章

[原文]

天下莫柔弱于水，而攻坚强者莫之能胜，以其无以易之。

弱之胜强，柔之胜刚，天下莫不知，莫能行。

是以圣人云：受国之垢，是谓社稷主；受国不祥，是为天下王。正言若反。

[解释]

“天下莫柔弱于水，而攻坚强者莫之能胜，以其无以易之。”普天下再没有什么东西比水更柔弱了，而攻坚克强却没有什么东西可以胜过水。水最为柔弱，但柔弱的水可以穿透坚硬的岩石。水表面上软弱无力，却有任何力量都不能抵挡的力量。水的这种力量是其他事物无法替代的。

“弱之胜强，柔之胜刚，天下莫不知，莫能行。”弱胜过强，柔胜过刚，普天下没有人不知道，但是没有人能实行。

“是以圣人云：受国之垢，是谓社稷主；受国不祥，是为天下王。正言若反”。所以有道的圣人这样说：“承担全国的屈辱，才能成为国家的君主，承担全国的祸灾，才能成为天下的君王。”正面的话好像在反说一样。

老子认为，水虽然表面上看来是柔弱卑下的，但任何坚强的东西都阻止不了它，战胜不了它；因此，老子坚信柔弱的东西必能胜过刚强的东西。这里，老子所说的柔弱，是柔中带刚、弱中有强，坚韧无比。所以，对于老子柔弱似水的主张，应该加以深刻理解，不能停留在字面上。由此推而言之，老子认为，体道的圣人就像水一样，甘愿处于卑下柔弱的位置，对国家和人民实行“无为而治”。

老子所讲的软弱、柔弱，并不是通常人们所说的软弱无力的意思。此处，由于水性趋下居卑，因而老子又阐扬卑下屈辱的观念。在现实社会中，我们只有做到“软弱”才能不争，做到谦卑才能不猖狂，只有这样你才能为自己谋求一个好的人际关系，谋求一个好的发展空间，你才能在事业上有所建树，有所发展。应该说，老子守柔处弱的思想是极其深刻的，这一思想对中国文化的影响也是极其深远的。

中华武学最高深的太极拳就是建立在老子这一思想基础之上的。

第四部分　无为论

老子的无为思想在《道德经》中占有极重要的地位。无为思想不仅仅是老子治国理政思想的核心，而且也是修身思想的哲学根基。老子认为，“无为”并不是什么也不做，而是在符合发展规律时要顺应发展趋势积极作为，无为是不胡来不妄为。在无为论中，老子认为“道恒无为而无不为”；那么我们人类也应该以此为基准，本着无为的态度来处理一切事物。同时，老子还谈到怎么样才能做到无为，那就是要去除分别心，去掉私欲。

第三十七章

[原文]

道常无为而无不为。

候王若能守之，万物将自化。

化而欲作，吾将镇之以无名之朴。

镇之以无名之朴，夫将不欲。

不欲以静，天下将自定。

[解释]

“道常无为而无不为。”此处之“常”帛书为“恒”，意为永恒，永远之意。道永远是顺其自然而无所作为的，却又没有什么事情不是它所作为的。

“候王若能守之，万物将自化。”侯王如果能按照“道”的原则为政治民，万事万物就会按照自己生长发育的规律运行，自我化育、自我发展、自生自灭。万物自生自化是道无为的结果，“道”无为万物才能自我化育，“道”有为则天下大乱。

“化而欲作，吾将镇之以无名之朴。”自生自长而产生贪欲时，我就要用“道”来镇住它。

“镇之以无名之朴，夫将不欲。”用“道”的真朴来镇服它，万事万物没有贪欲之心了。道生万物，万物初生而无欲。但是，随着万物的成长，各种欲望便随之产生，特别是我们人类，随着年龄的增长，各种欲望更是多得不可指数。心有欲望便有为，有为之心很难静。产生了欲望就需要及时消除欲望，不能让自我的欲望支配自己，否则很难行无为之事。

对于欲望，我们应该正确看待。人类没有欲望是不行的，没有欲望，人类不可能有任何发明创造，人类也不可能有进步。可以说欲望驱使着人类一步步走向文明。但是，老子是反对欲望的，因为人们的欲望同时也驱使着人们做出不符合人类命运共同体的事，这些自私自利的行为会使人类走向灭亡。可以说欲望是人类进步的内因，但也是毁灭自己的动因。

“不欲以静，天下将自定。”人如果没有贪欲之心，他自己的心就能完全静下来，如果每一个人都能达到心静的境界，天下便自然而然达到稳定、安宁。

老子在本章开头第一句即是“道常无为而无不为”。道创造万物，但又不主宰万物，顺其自然万物的繁衍、发展、死亡，所以“无为”实际上是不妄为、不强为。这样做的结果，当然是无不为了。第二句便引入人类社会，谈到“道”的法则在人类社会的运用。在老子看来，统治者能依照“道”的法则来为政，顺其自然，不妄加干涉，百姓们将会自由自在，自我发展。老子根据自然界的“道常无为而无不为”，要求“侯王若能守之”，即在社会政治方面，也要按照“无为而无不为”的法则来实行，从而导引出“化而欲作，吾将镇之以无名之朴”的结论。老子认为，理想的执政者，只要恪守“道”的原则，就会达到“天下将自定”这样的理想社会。

“镇之以无名之朴”用道的“朴”来镇住渐渐滋长的贪欲。而这个朴包含哪些内容呢？无欲是一；知足是一；守中是一；“静”“朴”“不欲”“去除分别心”等等。

第四十三章

[原文]

天下之至柔，驰骋天下之至坚。

无有入无间，吾是以知无为之有益。

不言之教，无为之益，天下希及之。

[解释]

“天下之至柔，驰骋天下之至坚。”天下最柔弱的东西，腾越穿行于最坚硬的东西。

“无有入无间，吾是以知无为之有益。”“无有”可以穿透没有间隙的东西。我因此认识到“无为”的益处。即使非常坚硬的、毫无缝隙的东西，我这里“什么也没有”——如X射线却可穿越坚硬的岩石。从“无有入无间”这一例子，我们可以看到“无为”的好处了。

“不言之教，无为之益，天下希及之。”“不言”的教导，“无为”的好处，普天下少有能赶上它的了。

“贵柔”是《道德经》的基本观念之一。“柔弱”发挥出来的作用，在于“无为”。水是最柔的东西，但是谁也没有能力阻止它。所以老子以水来比喻柔能胜刚的道理。

老子说：“天下之至柔，驰骋天下之至坚。”意思是说水虽然柔弱，但它可以在最为坚硬的东西中奔流，没有人能阻止它的前进。抽刀断水水更流，柔顺的水对于最锋利的刀也不会畏惧。水滴石穿，水足以将坚硬的岩石穿成孔。水柔弱，却有一种神奇的力量。

水是万物的生存之源，作为万物之灵的人类，也同样依赖水的哺育才得以生存。可以说水是孕育我们的源泉，没有水我们就无法孕育生长，也无法在世间存活下来。水有如此大的作用，但它却从不居功自傲，而是表现出无为、素朴、默然的柔和状态。

我们如果能像水一样自然无为，就能做到心静如水，离开争名夺利和无休止的、残酷的纷争，自然就会少了许多痛苦和烦恼。水是柔和的，它无为不止、顺势而流，不会受到伤害，即便受到伤害也不会在它的身上留下任何阴影，我们要学习水的处世态度，效法水的与世无争。

在这里，老子明确指出，懂得了“有”与“无”，知道了“有之以为利，无之以为用”，就自然会做到无为；而对“有”“无”没有真正理解，就很难做到无为。

第二章

[原文]

天下皆知美之为美，斯恶矣；皆知善之为善，斯不善矣。

故有无相生，难易相成，长短相形，高下相倾，音声相和，前后相随。是以圣人居无为之事，行不言之教，万物作焉而不为始，生而不有，为而不恃，功成而弗居。夫唯弗居，是以不去。

[解释]

“天下皆知美之为美，斯恶已；皆知善之为善，斯不善矣。”天下人都知道美之所以成为美的原因与条件，这本身就是丑陋的。都知道善之所以成为善的条件和原因，这本身就是恶的、不好的。因为在老子看来，“天地不仁，以万物为刍狗；圣人不仁，以百姓为刍狗”，天地没有仁慈之心，把万物都当作刍狗来看待，没有美与丑、好与坏、大与小、多与少……的区别，圣人也把百姓当作刍狗，不做任何区别，都平等对待。而现在“天下皆知美之为美”了，这不是丑陋的吗？天下“皆知善之为善”，这就是不善的了。

“故有无相生，难易相成，长短相形，高下之相倾，音声相和，先后相随。是以圣人处无为之事，行不言之教，万物作焉而不为始，生而不有，为而不恃，功成而弗居。夫唯弗居，是以弗去。”在帛书中此处没有“故”字；说明前后内容并不是因果关系。而有了这个“故”字，使前后内容变成因果关系后导致人们对本章内容的理解出现偏差。所以本人将此处的“故”字去掉。有和无互相转化，难和易互相形成，长和短互相显现，高和下互相充实，音与声互相谐和，前和后互相接随。因此，圣人不对世间之事、世间之物持有分别之心，没有选择之意，因而能用无为的态度对待世事，用不言的方式施行教化：听任万物自然兴起而不有所施为，也不加自己的倾向，功成业就更不自居。正由于不居功，就无所谓失去。

这一章多数学者认为是讲哲学和辩证法的。这是一个误区。当我们过分注意表面现象的时候，就会忽视隐藏在表面现象之下的、深层次的、整体的、最本质的东西。如果我们抛开一切，认真分析一下，老子会在当时仅就辩证法对某些现象做论述吗？或者我们反过来想：老子只是为了让后人玩文字游戏而写一些辩证的句子吗？不是的。他这样说，肯定是为了阐述某一思想。这一思想是什么？有“长”就必有“短”，有“美”必有“丑”，有“有”必有“无”……因而我们在对待和处理事情时，切不可主观地对事物进行分类，因为我们只要有了分别心，就会对事物进行划分，把事物进行分类后还要进行选择，而面对选择我们会不由自主地陷入迷茫、困惑。其实，人的痛苦不是来自生活的窘迫，而是面对众多的选择。面对众多的选择，就会扰乱人们的内心，心里不平和就很难处无为之事。因此，此章是讲不要有分别心的，去除分别心是无为的先决条件。

在《道德经》中老子多次提到“朴”，提到婴儿，因为婴儿对外界的一切事物没有分别，没有分别心，只有一颗纯朴之心，因而他对待外界的一切都是纯朴的、天真的、善良的，没有任何喜好和厌恶。说到这里，让我想起狼孩的故事。为什么小孩可以生活在狼的生活环境中？老狼叼回人的小孩后为什么不吃了他？不仅如此，小孩还要吃母狼的奶长大，母狼为什么会哺育他？这实际都是因为小孩的纯朴，不把狼和人进行分别对待，甚至于把母狼作为自己的母亲……不对外界存分别心是修炼道德功的一项非常重要的前提：没有分别心，你才能保持心中的安宁；心安你才能对所遇到的事物保持无为的心态，才能真正顺其自然。

在老子看来，高明的当政者和领导者应懂得自然之道，顺应人的天性，让下属和百姓各尽其能，各守其职，各得其所，相安无事，而切忌用过多的条规制度来进行强制性约束，否则会适得其反。也就是说，最好的政策应该是“清静无为”的政策，不要左一个运动，右一个政策，搞得民众无所适从。要让一个国家、一个社会安定大治，最好的办法就是无为而治。

第五章

[原文]

天地不仁，以万物为刍狗；

圣人不仁，以百姓为刍狗。

天地之间，其犹橐籥乎？虚而不屈，动而俞出。

多闻数穷，不若守中。

[解释]

古人惯于把天看作是世界的主宰，并往往赋予天以人格和宗教方面的含义，“生死有命，富贵在天”就是这一思想的集中写照。老子第一个提出天不讲仁慈，天也不具有人的理性。在老子的眼中，天不带有任何人类道义和道德方面的感情，它有自己客观运行的方式。这一点有别于其他任何宗教，也高于任何宗教。天正因为不讲仁慈，所以才对万事万物无所偏向，对任何事与物没有丝毫分别心，因而不特意对万物施恩，也不特意对万物施暴。而它滋生万物，给世界以蓬勃的生机，人类得以繁衍生息，社会得以文明进步。

天地不仁，表明天地是一个物理的、自然的存在，并不具有人类般的理性和感情；“道”不会对世间任何一物有所偏爱，它把世间万物都看作是“刍狗”——用草扎的狗一样，没有什么区别；万物在天地之间依照自然法则运行，并不像有神论者所想象的那样，以为天地对某物有所偏爱，或对某物有所嫌弃，其实这只是人类感情的投射作用。他认为天地是无为的，自然界的一切事物，只需依照自然界的发展规律生长变化，不需任何主宰者驾临于自然之上来加以命令和安排。

“天地不仁，以万物为刍狗；圣人不仁，以百姓为刍狗。”天地是无所谓仁慈的，它没有仁爱，对待万事万物就像对待刍狗一样，任凭万物自生自灭。圣人也是没有仁爱的，也同样像对待刍狗那样对待百姓，任凭人们自作自息。天地不把万物加以区分并区别对待，圣人也不把百姓加以区分并区别对待。因而我们对万事万物也不应有区别心，要用赤子之心来对待自己遇到的一切。

“天地之间，其犹橐籥乎？虚而不屈，动而俞出。”橐籥（tuó yuè），指古代鼓风吹火用的器具。天地之间，岂不像个风箱一样吗？它虽然空虚，可不是什么也没有，如果你扰动它，就会发现空虚中的东西出现。天地把万物当作“刍狗”一样看待，不把它们分别看待，如果你把它们进行区分，就会扰动它们。不仅你自己静不下来，你扰动的对象也不得安生。

“多闻数穷，不若守于中。”“多闻”过多地听取别人的意见，“数”同术，意思是方法、办法等。多闻数穷，听得多了自己反而没了主张。“中”意思是中正不偏，不对任何事物进行区分；“不若守中”，不如坚守自己的中正之心。中正之心就是无知无欲，对外界没有任何分别心，与婴儿一样的心理。

有了这样的中正之心才能真正平等地对待每一个人，每一件事，才能真正处无为之事，行不言之教。多数学者认为此章是讲养生的，而“多闻数穷，不若守于中”一句更是讲气功的，讲的是意守丹田。我不同意这种说法。因为老子不提倡有为，无论是治国还是修身，他都主张无为，主张顺其自然。本人不是功夫大师，但经本人的体悟，不意守丹田可能更容易让人进步。而一味地意守丹田，却会让人走火入魔。

第十二章

[原文]

五色令人目盲；五音令人耳聋；五味令人口爽；驰骋畋猎，令人心发狂；难得之货，令人行妨。是以圣人为腹不为目，故去彼取此。

[解释]

“五色令人目盲；五音令人耳聋；五味令人口爽；驰骋畋猎，令人心发狂；难得之货，令人行妨。”畋（tián）打猎或耕田。缤纷的色彩，使人眼花缭乱；嘈杂的音调，使人听觉失灵；丰盛的食物，使人舌不知味；纵情狩猎，使人心情放荡发狂；稀有的物品，使人行为不轨。

“是以圣人为腹不为目，故去彼取此。”“为腹”是指只求内心的平静，是讲“内”的；而“不为目”是指不求外在的声色之娱。“为腹”就是让自己的内心得以恬淡宁静，而“为目”则是追求外在的“五音”“五色”“五味”，这些外在的东西足以扰动人的内心，让人不得安宁。因此，圣人但求内心平静而不追逐声色之娱，所以不追求过分的“有”而保持知足的生活方式。

老子在十一章讲“有之以为利，无之以为用”，谈“有”

真的有利吗？“五色”“五音”“五味”“驰骋畋猎”“难得之货”都不是我们生活的必需品。这些都超出了我们生活的必需之外，是现今的“奢侈品”。老子所谈的“有”是生活正常所需，而奢侈品则是有过了头。老子讲“有之以为利”，但“有”过了头则是害了。而“有”的尺度如何把握才不至于过了头？老子给出的答案是：知足者富。我们只有真正知道满足了，我们才不会做出过分之举。

从《道德经》全文看，老子是不主张“有”，也不主张“利”，并通过否定“有”来突出“无”，从而为提出“无为而治”思想扫清障碍。老子希望人们能够丰衣足食，建立内在宁静恬淡的生活方式，而不是外在贪欲的生活。一个人越是投入外在化的漩涡里，则越会流连忘返，产生自我疏离感，而心灵就会日益空虚。所以，老子才提醒人们要摒弃外界物欲的诱惑，保持内心的清静安宁，只有“心善渊”，才能确保固有的天性。老子把人本身与生俱来的本性称之为“朴”，保持“朴”就能接近“道”从而得到“道”，如果人们不能保持真朴的状态，就不可能得“道”，因此为了得“道”人们就必须“绝学无忧”。

老子在此再一次指出，不要有分别心，追求外在的东西会让人迷茫，圣人只追求内心的平和，生活上能满足基本的生存条件便可；因为只有内心的平和才能平等地看待外在的一切。这是去除分别心的前提。

第五部分　德论

老子虽说是应尹喜写了《道德经》，提出了自己的观点，同时也对当时较为流行的一些思想进行了评析。《道经》对各家推崇的天人合一思想进行了阐述，第一次提出真正意义上的宇宙观，说明了“天”是什么，如何才能做到天人合一。而在《德经》中，老子指出：人的德比“仁、义、礼、智、信”更为重要；并对孔子的思想进行了驳斥。他认为，德是“道”的外显，显之于人类则表现为高尚的道德品质；显之于物则表现为生养万物的无为的高尚操守。因此，人们应该尊道而贵德，而不应该在仁、义、礼上纠缠；尊道贵德是守本，而宣扬仁、义、礼是逐末。

第三十八章

[原文]

上德不德，是以有德；下德不失德，是以无德。

上德无为而无以为；下德为之而有以为。

上仁为之而无以为；上义为之而有以为。

上礼为之而莫之应，则攘臂而扔之。

故失道而后德，失德而后仁，失仁而后义，失义而后礼。

夫礼者，忠信之薄，而乱之首。

前识者，道之华，而愚之始。是以大丈夫处其厚，不居其薄；处其实，不居其华。故去彼取此。

[解释]

“上德不德，是以有德；下德不失德，是以无德。”“德”：德是道的外显。老子说，道隐无名，道无法形容，也无法用我们的眼睛、耳朵、手脚皮肤等接触和认识，所以要认识道必须从“德”入手。而“道”显之于物便是德。物分为二，一是人，二是实际的东西；显之于人的为品德；显之于物的为德。但是，人之德分高下，只有符合“道”的品质的“德”才是真正的“德”。这个“德”就是老子在本章所说的“上德”。具备“上德”的人不表现为外在的有德，因此实际上是有

“德”；具备“下德”的人表现为外在的不离失“德”，因此实际是没有“德”的。老子依据“道”提出无为的思想，在“德”的问题上，老子秉持这一思想，认为真正有“德”的人是不会刻意追求或表现“德”的，所做的事都是无为之举；只有那些德性差的人才会时时刻刻用“德”的标准要求自己，因而所做所为都是有为之举。这就是“下德”。如果用老子的思想来衡量我们自己，我们又有几个是真正有德的呢？

“上德无为而无以为；下德为之而有以为。”“上德”之人顺应自然无心作为，信手拈来，所作所为都是符合“德”的；“下德”之人所作所为总是前思后想，想好了才做。而想的过程又无形中会加入自己的主观意见，考虑自己的得与失。凡在做事前考虑自己得失的人都是下德之人。

“上仁为之而无以为；上义为之而有以为。”“上仁”之人充满仁爱之心，所作所为都从“爱”从发，纯不考虑个人的得失，没有期望别人的回报，只是奉献一颗爱心，因此是无心作为，是无为之举；最好的义气之举也是出于某种目的的，是在做前或做时已经对结果进行了预估，或多或少图谋个人的得失，最起码他在做前考虑该不该做，只要做之前有思维活动，都是“有以为”的。

“上礼为之而莫之应，则攘臂而扔之。”上礼之人按礼仪规范要求人们按礼行事，却没有人回应他，于是就扬着胳膊强迫引导别人。仓廪实而知礼节。在老子那个年代，人们生活极苦，往往忍饥挨饿，朝不保夕，在这种情况下，你要求人们尊礼、讲礼、守礼本就不现实，所以只能强拉硬拽。

“故失道而后德，失德而后仁，失仁而后义，失义而后礼，夫礼者，忠信之薄，而乱之首。”所以，失去了“道”而后才会提倡“德”，失去了“德”而后才提倡“仁”，失去了“仁”而后才提倡“义”，失去了义而后才要求人们按“礼”行事。“礼”这个东西，是忠信不足的产物，而且是祸乱的开端。

“前识者，道之华，而愚之始。是以大丈夫处其厚，不居其薄；处其实，不居其华。故去彼取此。”前面我们认识的仁、义、礼，不过是“道”的旗号，只是道的虚华的外表，宣扬这些东西，实为愚昧的开始。所以大丈夫“处其厚”，“厚”是什么？“厚”是尊道而贵德；“不居其薄”，“薄”是仁、义、礼；所以大丈夫尊道而贵德，不提倡那些仁、义、礼；“处其实”，处，处于；实，亦指道与德；“不居其华”，“华”指仁、义、礼。保存道与德的实有，舍弃浅薄虚华仁、义、礼。所以要舍弃仁、义、礼的虚华而采取朴实敦厚的道与德。老子在这里针对孔子提倡的仁、义、礼给予了无情的批判，认为提倡仁、义、礼只是失道失德后人们的无奈之举，是人们愚昧的开始。因此老子再一次强调，不要在表面上做文章，而要在遵道贵德上下功夫。

有人认为，上篇以“道”开始，所以叫《道经》；下篇以“德”字开始，所以叫《德经》。本章在《道德经》里比较难于理解。老子认为，“道”在万物中的表现为“德”，凡是符合于“道”的行为就是“有德”，反之，则是“失德”。“道”与“德”不可分离，但又有区别。因为“德”有上下之分，“上德”完全合乎“道”的精神。“德”是“道”在人世间的体现，“道”是客观规律，而“德”是指人类认识并按客观规律办事。人们把“道”运用于人类社会产生的功能，就是“德”。

老子的“上德”是“无以为”“无为”，它不脱离客观的自然规律，施政者没有功利意图，不单凭主观意愿办事，这样做的结果当然是无为而无不为，即把“道”的精神充分体现在人间，所以又是“有德”，而且是德中之上品。但是“下德”是“有以为”的“有为”，就是抱着功利的目的，按主观意志办事。老子把政治分成了两个类型、六个层次。两个类型即“无为”和“有为”。“道”“上德”和“仁”属于“无为”的类型；下德、义、礼属“有为”的类型。六个层次是道、上德、下德、仁、义、礼。这六个层次中，道、上德是最高标准，但“德”只是指“上德”，不是“下德”。失道而后德，这是在无为的类型内部说的，失道则沦为下德，那就与上仁相差无几了。失德而后仁，“仁”虽然属于“无为”的类型，但与“道”“上德”相比，“仁”的层次要低一些。“义”和“礼”属于有为的类型。所以“失仁而后义”“失义而后礼”就是在“有为”范围内所显示出来的不同层次。在本章里，老子用了“大丈夫”一词，是全书唯一使用的名词，意为豪爽、果敢、刚毅、有“很高智慧的人”。老子感受到人际关系愈来愈难以相处，所以在十分激动的情绪下使用了“大丈夫”这个词，并说“大丈夫处其厚，不居其薄；处其实，不居其华。故去彼取此”。本章使用了一些具体的规范把人的思想行为定着在固定的形式中，即按“道”与“德”行事，不执行浅薄的礼。所以老子对政治的最低要求是摒去“薄”和“华”，恢复“厚”和“实”。

关于道与德的关系问题，老子的意见是：“道”是无形的，它必须作用于物，透过物的媒介，而得以显现它的功能。这里，“道”之显现于物的功能，老子把它称为“德”。“道”产生了万事万物，而且内在于万事万物，在一切事物中表现它的属性，也就是表现了它的“德”，在人生现实问题上，只有“上德”才符合“道”。“下德”则不是道的体现。

第五十一章

[原文]

道生之，德畜之，物形之，势成之。

是以万物莫不尊道而贵德。

道之尊，德之贵，夫莫之命而常自然。

故道生之，德畜之，长之育之，亭之毒之；养之覆之。

生而不有，为而不恃，长而不宰，是谓玄德。

[解释]

“道生之，德畜之，物形之，势成之。”道生成万事万物，德养育万事万物。万事万物表现出各种各样的形态，环境使万事万物成长起来。宇宙天地创生了天下万物，地球上的气候使万物得以生长并把各自的遗传基因传下去，由于各自的基因不同，万物都表现出不同的形态，由于环境不同，使万物按照各自的规律生长，但是无论如何，所有植物都在春生夏长秋收冬藏这个大势之中。

“是以万物莫不尊道而贵德。”故此，万事万物莫不尊崇道而珍贵德。

“道之尊，德之贵，夫莫之命而常自然。”道之所以被尊崇，德之所以被珍贵，就是由于道生长万物而不加以干涉，德畜养万物而不加以主宰，顺其自然。

“故道生之，德畜之，长之育之，亭之毒之；养之覆之。”因而，道生长万物，德养育万物，使万物生长发展，成熟结果。“亭之毒之；养之覆之”亭之是使之亭的意思，使之亭就是让它长；毒之是使之毒的意思，就是让它受到毒害；养之是使之养，让它得到养护；覆之是使之覆，就是让它覆灭。因为道对于万物而言没有任何主观的好恶，没有任何主观的偏向，也不具有任何目的，因而对于万物来说，让万物成长是道，让万物死亡的也是道。整个过程完全是自然而然的，万事万物的生长、发育、繁衍，完全是处于自然状态下，按自己本身的生长规律运作。

“生而不有，为而不恃，长而不宰，是谓玄德。”生长万物而不据为己有，抚育万物而不自恃有功，导引万物而不主宰，这就是奥妙玄远的德。这个奥妙玄远的德其实就是老子讲的无为。道虽创造了万事万物，并不含有什么主观意识，万事万物发展了壮大了而不居功、不主宰，这就是“道”在作用于人类社会时所体现的“德”的特有精神。显然，这是一种毋庸置疑的无神论思想，它否定了作为世界主宰的神的存在，这在先秦时代的思想界应该说达到了很高的水平。

老子认为，“道”生长万物，“德”养育万物，但“道”和“德”并不干涉万物的生长繁衍，而是顺其自然。“德”是“道”的化身，是“道”在人世间的具体作用。万物的生长，是顺应着客观存在的自然规律而生长的，各自适应着自己所处的具体环境的，根本就不可能有所谓主持者加以安排，然后才能生长。老子认为万物的生长需要依据客观自然界存在的规律，老子称之为“道生之”。就客观自然界存在的规律具体运用于物的生长来说，老子称之为“德畜之”。万物生长，既然必须依据自然界的规律，而为自然界的规律的具体运用，所以“万物莫不尊道而贵德”。但万物的尊道贵德，也仅为对自然界的规律的依据与运用，不是另有什么主宰者加以命令与安排的，这种现象，老子认为是无为的自然状态，所以说“夫莫之命而常自然”。

第六部分 圣人的表现

老子秉承天人合一的思想，在谈了道的内容后，他一定会讲到得道的圣人会怎样做，或者说怎样才能与道的要求相合，因而我们这里对《道德经》中的有关内容进行解释。

第二十一章

[原文]

孔德之容，惟道是从。

道之为物，惟恍惟惚。

惚兮恍兮，其中有象；恍兮惚兮，其中有物；窈兮冥兮，其中有精，其精甚真，其中有信，自今及古，其名不去，以阅众甫。吾何以知众甫之状哉？以此。

[解释]

“孔德之容，惟道是从。”多数学者认为“孔”的含义是“大”的意思，整句话翻译为：大德的表象，只跟随着道，以道为自己的基本原则。把孔理解为大，我认为不大妥。“孔”，《说文解字》解释为“孔，通也。从乙，从子”。孔是通达之意；《现代汉语词典》解释为孔：洞；窟窿；眼儿。在这里，“孔”的含义应该是“通达”或“通达之人”，而不是大。这是一方面。二是“孔”在此章中的地位。我认为此章的中心就是在讲“孔”，因为后面的“众甫”正好与“孔”相呼应。“甫”则是古代加在男子名字下的美称。“众甫”实际是修道有成之人。此处之“德”是指人之德，引申为符合道的人。因此，此句应该译为：通达（水平较高之人或已经彻底开悟）

者的所有表现，都是由道所决定的。

“道之为物，惟恍惟惚。”“道之为物”，是理解此句的关键所在。“道之为物”这句话即使放在今天很好理解：道作为“物”，或东西。但是，这句话如果这样理解，就不符合人们对“道”的理解了。因为在这些学者的意识里，“道”是高度抽象的哲学概念，是不能作为一个“物”的；如果“道”是“物”，那么“道”也不成其为“道”了。这也是由于人们没有真正读懂第一章的原因。那么，这里这个“道”又该如何解读呢？老子在第一章中阐述了有无，认为无是更为根本的；在宇宙观中老子认为“道”就是宇宙黑洞，是暗物质和暗能量。这里这个“道”就是指暗物质。“道之为物，惟恍惟惚”，就是说我们地球上的“物”也含有暗物质；而这种东西只是恍恍惚惚、似有似无的。

“惚兮恍兮，其中有象；恍兮惚兮，其中有物；窈兮冥兮，其中有精，其精甚真，其中有信，自今及古，其名不去，以阅众甫。吾何以知众甫之状哉？以此。”

它是那样的恍恍惚惚啊，其中却有形象。它是那样的恍恍惚惚啊，其中却有实物。它是那样的深远暗昧啊，其中却有精质；这精质是最真实的，精质之中包含有它自身的信息。从古到今，“道”这个名字一直存在着，根据“道”我们可以了解众多修道者的情况。我怎么才能知道众多修道者的情况呢？是从“道”认识的。我们知道，“道”是暗物质，是无。这个“无”体现在可见物上，是恍恍惚惚、似有似无的，因而反映在修道者身上，也有一种让人不易认识、不好把握的问题；用老子的话说，就是“微妙玄通，深不可识”。这一点，老子在下面几章作了交代。

第十五章

[原文]

古之善为士者，微妙玄通，深不可识。

夫唯不可识，故强为之容；

豫兮若冬涉川；犹兮若畏四邻；俨兮其若容；涣兮其若冰之将释；敦兮其若朴；旷兮其若谷；浑兮其若浊；孰能浊以澄，静之徐清？孰能安以久，动之徐生。

保此道者，不欲盈。夫唯不盈，故能敝不新成。

[解释]

上一章讲了道是恍恍惚惚的，不好认识。得道者也体现了道的这一点，也表现的“微妙玄通，深不可识”。这一章对此进行了阐述。

“古之善为士者，微妙玄通，深不可识。”善为士者：在修道方面有造诣的人。微妙玄通：善为士者的功夫已进入识玄的境界，思想意识已经和大道相通。这样一来，他们就具有了奇妙的高深莫测的特异功能，以及一些不能为常人所理解和接受的观念、行为，故说“深不可识”，这是总言“善为士者”的特性。

“夫唯不可识，故强为之容。”正因为深不可识，所以只能勉强地描述一些他的行为。

“豫兮若冬涉川。”豫，迟疑犹豫，引申为谨慎小心。豫的另一层意思是欢喜、和乐的意思。综合起来理解，这一句是说，“善为道者”潜心修道，始终谨慎小心，虽然有较深的道学修养，但在修道时始终保持高度的警惕性，就像冬天踩冰过河一样，时刻小心，以防陷入危机之中。

“犹兮若畏四邻”。犹，是慎惧的意思。修道者需要“致虚极，守静笃”；不能在嘈杂的环境中练功。因此，“善为道者”在练功前总是“若畏四邻”一般，犹豫小心，谨慎有加，选择四邻都休息时的安静时间进行。

“俨兮其若容”。“容”其他版本都为“客”，只有王弼本为容，此处为“客”更好理解。俨，是俨然的意思，表情容貌庄重。修道有成的人，对练功的态度是严肃的，表情是庄重的。他自始至终不敢妄作妄为。就像客人一样按部就班，不敢越雷池半步。

“涣兮，其若冰释。”涣，是涣然的意思。修道之人安心静坐，排除各种欲念对心灵的干扰，使真气贯通全身，就会有浑身温暖如蒸，酥软融融的感觉，直至自失忘我，这正是涣然冰释的印证。有道之士悟证了这一道理，在人生的实践活动中就不会为身外之物所羁绊，从而全心投入到行道修道的事业中去。

“敦兮，其若朴。”敦，是诚实、忠厚的意思。修道之人在修道时始终要求自己身心放松，守静自持，得道后又完全知晓了万物的因果，因而他更敬畏“道”。他只追求内在的充实，而不理会外界的虚华。因此，他给人的印象必然是至诚不欺、忠厚朴实的。

“旷兮，其若谷。”旷，是广阔、空旷的意思。有道之士的功夫越深，道的境界就越广阔，他的视野早已跳出自我的圈子、家庭的圈子、亲友的圈子，而是放眼于整个人类的利益。他的山谷般的胸怀，天地般的意志，是常人所不能认识和理解的。

“混兮，其若浊。”混和浊，都是愚昧、糊涂的意思。有道之士既然彻悟大道，有天地般的胸怀和志向，自然不会执着于个人的名利得失，而是以忘我的精神，想人民之所想，急人民之所急。这在有些人看来，劳碌一生而不为名利，无异于头脑简单、愚蠢的傻子。其实，真正浑浊的是那些执着于个人名利的人。雷锋式的“傻子”，才是人类社会所迫切需要的。

以上七句，是对“善为道者”的个性分别作出的描述。

“孰能浊以止，静之徐清。孰能安以久，动之徐生。”

天下之人谁能够真正静下来，让那浑浊的、散乱的暗能量得以慢慢聚合，显得清澈呢？谁又能够在安静之时变动起来，让聚合的暗能量按着人的意志慢慢地发挥作用呢？

任何人体内都存在着暗能量，但这些能量是散乱的，只有在守静中才能慢慢地积聚，慢慢地显现出来；积聚起来的暗能量可以按人的意志发挥作用，这就是老子讲的“有之以为利，无之以为用”。

“保此道者不欲盈。夫唯不盈，故能蔽不新成。”盈：充满、满足。蔽：疑为“敝”，旧的，和“新”相对，喻过时的、错误的思想观念。

持有这一功夫的人，不会自我满足。正因为不自我满足，才能不断地取得新的成就。

老子称赞得“道”之人的“微妙玄通，深不可识”，他们掌握了事物发展的普遍规律，懂得运用普遍规律来处理现实存在的具体事物。也可以说这是教一般人怎样掌握和运用“道”。得“道”之士的精神境界远远超出一般人所能理解的水平，他们具有谨慎、警惕、严肃、洒脱、融和、纯朴、旷达、浑厚等人格修养功夫，他们微而不显、含而不露，高深莫测，为人处事，从不自满高傲。

一般人对“道”感到难于捉摸，而得“道”之士则与世俗之人明显不同，他们有独到的风貌、独特的人格形态。世俗之人“嗜欲深者天机浅”，他们极其浅薄，让人一眼就能够看穿；得“道”人士静谧幽深、难以测识。老子在这里也是勉强地为他们做了一番描述，即“强为容”。他们有良好的人格修养和心理素质，有良好的静定功夫和内心活动。表面上他们清静无为，实际上极富创造性，即静极而动、动极而静，这是他们的生命活动过程。老子认为，理想的人格是敦厚朴实、静定持心，内心世界极为丰富，并且可以在特定的条件下，由静而转入动。这种静与动完全符合“道”。

第二十章

[**原文**]

唯之与阿，相去几何？善之与恶，相去若何？人之所畏，不可畏畏。

荒兮，其未央哉！众人熙熙，如享太牢，如春登台。我独泊兮，其未兆；如婴儿之未孩；傫傫兮，若无所归。众人皆有余，而我独若遗。

我愚人之心也哉！沌沌兮，俗人昭昭，我独昏昏。俗人察察，我独闷闷。澹兮，其若海；飂兮，若无止。众人皆有以，而我独顽且鄙。我独异于人，而贵求食于。

[**解释**]

“唯之与阿，相去几何？美之与恶，相去若何？人之所畏，不可不畏。”“唯”，唯唯诺诺，即应诺，意指下级对上级的应诺。“阿”，指答应之声，是上级回答下级傲慢的嗯啊之声。应诺和呵斥，相距有多远？美好和丑恶，又相差多少？众人所畏惧的，自己不得不畏惧。老子认为，唯与阿，美与恶没有什么差别，至少在得道者心中是没有什么差别的。得道者自己虽然没有分别心，不把世间事物人为分别，但是，众人畏惧之事之时，得道者也要从大流，不能把自己和众人搞得格格不人，与众不同。

“荒兮，其未央哉！众人熙熙，如享太牢，如春登台。我独泊兮，其未兆；沌沌兮，如婴儿之未孩；儽儽兮，若无所归。众人皆有余，而我独若遗。”儽（léi），是指疲劳。这风气从远古以来就是如此，好像没有尽头的样子。众人都熙熙攘攘、兴高采烈，如同去参加盛大的宴席，如同春天里登台眺望美景。而我却独自淡泊宁静，无动于衷。混混沌沌啊，如同婴儿还不会发出嬉笑声。疲倦闲散啊，好像浪子还没有归宿。众人都有所剩余，而我却像什么也没有。世间之众容易被外界事物所诱惑，心随物转，但得道之人却对外界之事物不动声色，更不动心，如同还不会爬的婴儿一样。

“我愚人之心也哉！俗人昭昭，我独昏昏。俗人察察，我独闷闷。澹兮，其若海；飂兮，若无止。众人皆有以，而我独顽且鄙。我独异于人，而贵食母。”澹（dàn 或 tán），本意是指水波摇动的样子，也指恬静、安然的样子；飂（liù），风动。我只有一颗愚人的心啊！众人光辉自炫，唯独我迷迷糊糊；众人都那么严厉苛刻，唯独我这样淳厚宽宏。恍惚啊，像大海汹涌；恍惚啊，像漂泊无处停留。世人都精明灵巧有本领，唯独我愚昧而笨拙。我唯独与人不同的，关键在于得到了“道”。

上一章讲了得道之士的一些外在表现；这一章则讲得道之士的自我感知。

老子认为，善恶美丑贵贱是非，都是相对形成的，人们对于价值判断，经常随着时代的不同而变换，随着环境的差异而更改。

第八章

[原文]

上善若水。

水善利万物而不争，处众人之所恶，故几于道。

居，善地；心，善渊；与，善仁；言，善信；政，善治；事，善能；动，善时。

夫唯不争，故无尤。

[解释]

“上善若水。水善利万物而不争，处众人之所恶，故几于道。”“上善若水”最善的人、最好的人（也就是得道之人）就如同水一样。“上善若水”之人实指得道之人。水善于滋润万物而不与万物相争，停留在众人都不喜欢的地方，所以最接近于“道”。老子在讲“道”时，谈了道的谦下、利它、不居功等品质，这里讲水滋润万物而不与万物争功，而处于众人所厌恶的低下潮湿之处，所以水接近于道。

“居，善地；心，善渊；与，善仁；言，善信；政，善治；事，善能；动，善时。”这里老子列举了上善若水之人的七方面表现。

“居，善地”，“居”不应该理解为居住，而应该理解为居处，“善地”，好的地位。什么是好的地位呢？别人厌恶之地位，别人不处之地位，别人不争之地位；而这个地位又是个始终为人民服务的地位，服务完后还不求任何回报的地位。只有这样理解才真正符合老子的本意。“居，善地”应译作：圣人把自己摆在一个相当恰当的地位。

“心，善渊”，中国人的“心”，意思为心胸或思想。“善”好的。“渊”像深渊一样。整句话的意思是：圣人之心就如同深渊一样沉静，不被外界的各种诱惑干扰。心静下来很重要。有些人浮躁得狠，心静不下来，总以为自己有多大能耐，能做多大事一样，夸大口，说大话，但是根本办不了事。你看那些真正有成就的人，有几个是沉不住气的？而圣人则比那些小有成就的人高深得多了，他不会被外界的金钱、美女、社会地位等别人梦寐以求的东西诱惑，始终保持一颗沉静的心，去感受天地，感受自然，感受自己。

“与善仁”，“与”相与，与人相处、相交的意思。“仁”，慈爱之心，恻隐之心。整句话的意思是：与别人相交，常怀一颗真诚仁爱之心。你常怀一颗仁爱之心与人交往相处，你也会得到仁爱的报答，如果你怀着一颗责怨之心与人相处，你也会得到更多的责怨。我们任何一个人都如同一把壶，里面装什么，就会倒出什么；倒出什么，就会长出什么……任何事都有因果关系。不要只看到现今的果，更应该分析现果的因，因为前者的因是现今的果，现今的果会成为明天的因。个别人老是怨天尤人，总认为别人欠他的，总觉得自己做得很好，过错总是别人的……这就与老子的思想相差十万八千里了。而得道之人有深厚的功底，不把众生进行区分，常怀一颗慈爱之心，平静而宽厚，和善而无私。

“言善信”，说话和气恪守信用；说出去的话，一定要去办到，要言而有信，不能说一套做一套，更不能说得很好，做得很糟。孔子说，人无信不立。作为一个圣人说话办事都是言而有信的。自己做到了才说，不是自己做也没做，便海口一张，有功的事都是自己做的，有过的事都是他人做的。若要言而有信，就必须自己做到了才要求他人，自己做不到，绝不会要求他人做。而对于得道之人，自己做到了，也不会强行要求他人，因为他们行不言之教。

“政善治”，为政爱民能把国家治理好。得道之人深谙宇宙之规律，懂得人的个体在人类发展中的作用，明白生与死，因而能以“无我”的状态、用“无为”的方法为人类的发展做出不懈的努力。在这样的圣贤治理下，社会风清气正，日月清明，天下大治。

“事善能”，做事帮助别人能够发挥自己所长。帮助别人应该根据我们自身的能力特长，想方设法把自己的能力全部发挥出来，尽自己最大能力帮助别人。这一句话的核心意思是说，圣人在帮助别人时，总是把别人的事当作自己的事，急别人之所急，想别人之所想，完全站在对方的角度考虑和处理问题。

“动，善时”，是说圣人在做事情时总能根据事情的轻重缓急和天时地利人和等关系综合考虑合理安排，以求事情能够按其自身规律顺其自然地发展。

“夫唯不争，故无尤”。圣人所作所为正因为有不争的美德，所以没有过失，也就没有怨咎。

在这一章中老子首先用水性来比喻有高尚品德者的人格，认为他们的品格像水那样，一是柔，二是停留在卑下的地方，三是滋润万物而不与万物争。最完善的人格也应该具有这种心态与行为，不但做有利于众人的事情而不与别人争名夺利，而且还愿意去众人不愿去的卑下的地方，愿意做别人不愿做的事情。他可以忍辱负重，任劳任怨，能尽其所能地贡献自己的力量去帮助别人，而不会与别人争功争名争利。天地给万物以滋养，可从来没有引以为荣，更没有居功自傲，无怨无悔地付出自己的光和热，“道”的这种只给付出不计回报的品德在“水”的身上反映得淋漓尽致。

老子在自然界万事万物中最赞美水，认为水德是近于道的；而此处又进一步说“上善若水”：理想中的“圣人”是道的体现者，因为他的言行有类于水。为什么说水德近于道呢？王夫之解释说：“五行之体，水为最微。善居道者，为其微，不为其著；处众之后，而常德众之先。”以不争争，以无私私，这就是水的最显著特性。水滋润万物而无取于万物，而且甘心停留在最低洼、最潮湿的地方。

最后的结论是：为人处世的要旨，即为“不争”。也就是说，宁处别人之所恶也不去与人争利，所以别人也没有什么怨尤。

第四十七章

[原文]

不出户，知天下；不窥牖，见天道。

其出弥远，其知弥少。

是以圣人不行而知，不见而明，不为而成。

[解释]

“不出户，知天下；不窥牖，见天道。”不出门户，就能够推知天下的事理；不望窗外，就可以认识日月星辰运行的自然规律，知道春夏秋冬四时之运行。

“其出弥远，其知弥少。”他向外奔逐得越远，他所知道的道理就越少。有句话，叫作“读万卷书，不如行万里路”，意思是读书不如出行所学的东西多。老子在这里提出了针锋相对的意见，行万里路不如静心而悟。

“是以圣人不行而知，不见而明，不为而成。”所以，有“道”的圣人不出行却能够推知事理，不窥见外物而能明了“天道”，不妄为而有所成就。

这一章老子实质是在讲得道之士的一些表现。得道之士有很深厚的“悟”的能力。“悟”就是认识事物就只有靠内在的自省，下功夫自我修养，才能领悟“天道”，知晓天下万物的变化发展规律。这一点与佛学讲的“觉知”有相同之处。佛学讲的“觉知”是在坐禅静修时虽没有与外界接触，但能知道事情的发展状况。其实，佛家的坐禅与中国的气功有着惊人的相似之处；它们的基本要求是一样的。

很多时候人们看到的东西越多，被外界事物干扰就越多，就越不可能了解到事物的真实情况。人们只有减少外来干扰，净化心灵，用心灵来感悟世界，这样才能真正认识事物并无为而成。有句俗语说：当局者迷，旁观者清，就是这个道理。

此章也再一次说明老子的气功功底深厚。

老子是一位博学多识之人，他有丰富的生活实践经验。在以前的若干章节中，我们可以看到许多涉及社会生活和自然界的内容，这些都表明老子极为重视生活实践。但更重要的是，老子是极富智慧之人，是天才的哲人。老子认为我们应透过自我修养的功夫，作内观返照，静化欲念，清除心灵的蔽障，以本明的智慧，虚静的心境，去览照外物，去了解外物和外物运行的规律。其实，人都有第六感官，且第六感官都很发达，人在心平气和的时候能够预判到很多事情。可是，为什么我们现在预判不到事情的真伪呢？就在于我们的心被外界太多的所谓的知识所困扰。有的地方虽然科技并不发达，人们比较传统，但是正是这些地方，人们的第六感官的奇特功效能够得以发挥。有报道说，印尼在亚洲海啸之时，当地的原始土著居民能够及时地感觉到危机迫近，他们和野生动物一起逃往地势较高的地方躲避即将到来的灾难。他们之所以能及时躲避即将到来的灾难，是因为他们中有位老者无欲无求，用自身本明的智慧感觉将有灾难，因而指导大家及时离开。

第二十七章

[原文]

善行，无辙迹；善言，无瑕谪；善数，不用筹策；善闭，无关楗而不可开；善结，无绳约而不可解。

是以圣人常善救人，故无弃人；常善救物，故无弃物。是谓袭明。

故善人者，不善人之师；不善人者，善人之资。不贵其师，不爱其资，虽智大迷，是谓要妙。

[解释]

此章是讲圣人的作为的。

“善行，无辙迹”。理解此章的关键在于理解“善”字。几乎所有的学者都把这个善字理解为“善于”，把此句解释为“善于行走的人不会留下踪迹”。在老子那个年代，都是土路，在土路上行走不留下任何痕迹，这样的人你见过吗？我是没见过，不仅我没见过，连仙者吕纯阳先生也没有见过。他在《道德经心传》中说“善乃人之本性，父母未生之初就有善性”。他把“善”理解为“善良”之意。而我认为这个“善”字只能做“好”的意思理解。此句应解释为：圣人做行善积德的好事不会留下任何痕迹。当今社会就有好多大善人做了好多好事，资助了很多贫困学子，但从不肯在捐款单上留下自己的名字，而受助者多方寻找也得不到答案。这些人应该就是老子笔下的圣人吧。

“善言，无瑕谪”。恰如其分的表扬和鼓励，是不会给人留下任何说辞的。我们知道，任何言辞，只要有所指，就会有所非。而既不言过其实，又不言不达意，而对好的行为进行实事求是的表扬和鼓励，就会让别人找不到话柄。我们常见有些人对领导的个别做法做言过其实的表扬，让人听了明显感觉到是在溜须拍马，感觉很不舒服。这就会给别人留下说辞。

“善数，不用筹策”。一些好记的数字，是不需要其他计数工具的。比如 888888，999999 等。此句的引申意为：数字简单就容易记，事情简单了就容易做，我们要尽可能把复杂事情简单化，这样所有事情就容易解决。

“善闭，无关楗而不可开”。好的闭门法（实为好的门锁），没有关键的手段（实为一把钥匙开一把锁）你是打不开的。那时锁具还没有发明出来，人们也不知有这样一种东西，只能用专用工具（关键）才能打开。此句意指：对一些特殊的事情，要用特殊的手段、特殊的工具来解决。

“善结，无绳约而不可解”。好的打结法，如果你不知道打结的过程（绳约），你是没有办法打开的。就像我们中式衣服的布扣子，完全拿布绳结成，这样的结，让一个外国人来解，他是解不开的，因为他不知道“绳约”（打结的过程）。此句意指：特殊的事情需要特殊的方法。

在此五“善”中，前三“善”是针对人而言，从人的主观能动性方面进行阐述；后两个“善”则是从偏客观的角度或者说是从解决事情的角度说明特殊的事物要用特殊的工具和方法。

“是以圣人常善救人，故无弃人；常善救物，故无弃物。是谓袭明。”因此，圣人经常挽救人，所以没有被遗弃的人；经常善于物尽其用，所以没有被废弃的物品。“是谓袭明”这就非常的聪明；“袭”，很，非常的意思，可能是地方方言。在我小时，小朋友经常用这个词，非常亮，叫作袭亮。所以圣人会挽救所有人，不会遗弃任何人。会救助任何事物，而不会遗弃任何事物。这就是非常的明智。

“故善人者，不善人之师；不善人者，善人之资。不贵其师，不爱其资，虽智大迷，是谓要妙。”所以善人可以作为不善人的老师，不善人可以作为善人的借鉴。不尊重自己的老师，不爱惜他的借鉴作用，虽然自以为聪明，其实是大大的糊涂。这就是精深微妙的道理。

第四十九章

[**原文**]

圣人无常心，以百姓心为心。

善者，吾善之；不善者，吾亦善之，德善。

信者，吾信之；不信者，吾亦信之，德信。

圣人在天下，歙歙焉为天下浑其心，百姓皆注其耳目，圣人皆孩之。

[**解释**]

“圣人无常心，以百姓心为心。”圣人怀有仁爱无偏之心，以全体百姓的利益为重，把百姓的冷暖放在心上，全心全意为百姓谋幸福。老子认为，理想的执政者没有偏私之心，他不偏爱任何一个利益集团，更不会偏爱自己；他始终以绝大多数百姓的利益为行事的出发点和落脚点，使人人守信、个个向善。老子把以“道”治天下的希望寄托给一个理想的“圣人”，在他的治理下，人人都恢复到婴儿般纯真的状态。圣人常常是没有私心的，以百姓的心为自己的心，时时处处考虑的都是百姓的事。

“善者，吾善之；不善者，吾亦善之，德善。信者，吾信之；不信者，吾亦信之，德信。”对于善良的人及其行为，我善待他；对于不善良的人及其行为，我也善待他，这是“圣人”高尚品德所表现出的“善良”；对于守信的人及其行为，我信任他；对不守信的人和行为，我也信任他，这是“圣人”之德所表现的“诚信”。这正是圣人的高明之处，圣人把众生当作“刍狗”，本就无所谓善与不善、信与不信，圣人把他们都平等看待，给予一样的关爱。

“圣人在天下，歙歙焉为天下浑其心，百姓皆注其耳目，圣人皆孩之。”歙歙（xī）：无所偏执。有道的圣人在其位，收敛自己的欲念，为天下百姓操碎了心，百姓们都出于关心，专注于“圣人”的面荣，而圣人则把百姓当作自己的孩子一样看待。

圣人以一颗仁爱之心对待世间百姓。他没有一丝分别心，在他的眼里没有善与不善之分，也没有信与不信之别，他都能一视同仁地对待。他以大爱对待所有百姓，百姓以有这样的领导而宽慰。圣人能够满足百姓的基本生活需要，百姓的幸福指数非常高，百姓乐在其中，而圣人就同热爱自己的孩子一样热爱着百姓。

第二十八章

[**原文**]

知其雄，守其雌，为天下溪。为天下溪，常德不离，复归于婴儿。

知其白，守其黑，为天下式。为天下式，常德不忒，复归于无极。

知其荣，守其辱，为天下谷。为天下谷，常德乃足，复归于朴。

朴散则为器，圣人用之，则为官长，故大制不割。

[**解释**]

“知其雄，守其雌，为天下溪。”深知什么是雄强，却安守雌柔的地位，甘愿做天下的溪水。什么是溪水？低下、谦卑、如水德一样“处众人之所恶”。

“为天下溪，常德不离，复归于婴儿。”甘愿作天下的溪水，永恒的德性就不会离失，恢复到婴儿般纯真的状态。

“知其白，守其黑，为天下式，常德不忒，复归于无极。”忒，（tui 或 te 或 tei ）误差意。“白”与“黑”是相对的，“白”是人们对圣人的认可和赞誉，“黑”是人们对圣人的误解和拆毁。深知是非曲直，却安于被别人误解也不做辩解，只待别人认得真相，从而解除误会，这是很高的道德模式，圣人甘愿为天下做这样的模式。甘愿做天下的模式，永恒的德行不会差失，又回到无极的状态。

“知其荣，守其辱，为天下谷。为天下谷，常德乃足，复归于朴。”深知什么是荣耀，却安守卑辱的地位，甘愿做天下的川谷。甘愿做天下的川谷，永恒的德性才得以充足，恢复到自然本初的纯真朴素状态。

“朴散则为器，圣人用之，则为官长，故大制不割。”“朴散则为器”，朴是纯朴的状态，如婴儿一样，无知无欲。“散”是发散，传播。“器”是器材，引申为人才。地方方言中有一句词叫作“成器”，意思就是成材之意。“朴散则为器”可以解释为：无知无欲有如婴儿一样纯朴的状态，随着时间的推移会传播开来，被大众接纳，成为有用的人才，如果遇到圣人，就会被用作众人的官长。“故大制不割”，“故”是所以；“大制”应该是道的规律。此句话是：道的规律是一体的，不可分割的；用在为人处事上与为政爱民上是一样的。美国哈佛大学进行了为期 75 年的研究，发现成功人士的成功秘诀就是一个良好的人际关系。而这个良好的人际关系，就需要承受别人的轻视、误解甚至是污辱，需要学会自嘲和自我解压。这个研究恰恰印证了老子的思想。

老子在这一章再一次谈了成为圣人的条件，要守柔处弱，守辱处卑，以“无我”的心态服务于社会，一定会得到社会的认可。

第五十六章

[原文]

知者不言，言者不知。

塞其兑，闭其门；挫其锐，解其纷；和其光，同其尘，是谓玄同。

故不可得而亲，不可得而疏；不可得而利，不可得而害；不可得而贵，不可得而贱；故为天下贵。

[解释]

"知者不言，言者不知。"聪明的智者不多说话，而到处说长论短的人就不是智者。言多语失，祸从口出，老先人们总结出这样的道理不是没有根据的。而智者更是深知这一道理，绝不会不懂装懂，胡说八道。

"塞其兑，闭其门；挫其锐，解其纷；和其光，同其尘，是谓玄同。""塞其兑，闭其门"，塞：堵住；兑：指口、鼻；闭：关闭；门：指眼和耳。整句话的意思是：堵住眼耳，关闭口鼻。这一句与前一句是紧相连的。前面讲少说话，后面则进一步讲不仅不说，而且要做到不闻不问不看。这样就可以不被复杂的外界环境所困扰，求得自身心里的安宁。"挫其锐"挫去自己的锋芒；"解其纷"消解自己与他人的纷争；"和其光"

调和自己与周围的光辉；“同其尘”混同于尘世之中；“是谓玄同”这就是深奥的玄同。这个深奥的玄同可以这样理解：大隐隐市井，小隐隐山林。真正的得道之士把自己混同在市井之中，与市井之中的人们难以区分：没有锋芒，没有纷争，没有光辉，与百姓享受着一样的空气，一样的尘土。正因为得道之士不把自己与市井之民区分，也不把市井之民区别开，所以才能：“故不可得而亲，不可得而疏；不可得而利，不可得而害；不可得而贵，不可得而贱；故为天下贵。”也就是说真正的得道之士已经超脱亲疏、利害、贵贱的世俗范围，把天下人都当作自己和孩子一样爱护，所以就为天下人所尊重。

他要求人们要加强自我修养，排除私欲，不露锋芒，超脱纷争，混同尘世，不分亲疏、利害、贵贱，以开豁的心胸与无所偏的心境去对待一切人和物。如此，天下便可以大治了。

第七部分 修道

老子的修道思想在《道德经》中占有极重要的地位。老子的修道思想也是建立在天人合一哲学基础之上的。老子认为，天下万物生于“有”，而“有”则来自“无”；“有”只给人类提供便利，而“无”则是给人类提供“用”的。对于人来说，“有”是相对于人的身体说的，而“无”则是指人体内的暗物质和暗能量。只有把体内的暗物质暗能量修炼好了，对身体才能真正起到增进的作用。而人体内的暗物质是人的灵魂，人体内的暗能量是人体内的“炁”。人体内的“炁”是与生俱来的，只不过没有经过训练的人体内之“炁”是散乱的，而经过训练的人体内之“炁”会汇集起来，起到很大的作用。因此，老子的修道思想其实贯穿在前面几个部分之中，这里我们着重讲的是如何修炼道德功。

修道的内容主要有以下几方面：

1. “致虚极，守静笃”。一语道尽修道的关键。

2. 去除分别心。去除分别心不仅是无为的前提，而且也是修道的重要内容。不去除分别心，心就不可能静下来。

3. 明生死。生与死是极平常之事，与日月升起落下没有任何不同。生不可喜，死不可悲。

4. 秉持“三宝”。“慈”“俭”“不敢为天下先”。

5. 去“我”执。无我天地宽，有我宇宙窄。

6. 修道宜秉持“无为”之道。

7. 修道必须内修。佛与道同。佛与道虽在外，但修道不可向外求。

8. 守柔处弱。

9. 去除外在的欲望。

第五十二章

[**原文**]

天下有始，以为天下母。

既得其母，以知其子；既知其子，复守其母，没身不殆。

塞其兑，闭其门，终身不勤。开其兑，济其事，终身不救。

见小曰明，守柔曰强。用其光，复归其明，无遗身殃；是为习常。

[**解释**]

“天下有始，以为天下母”，世间万物本身都有起始，这个始作为世间万物的根源。天下有始，始于大道，大道是世界的本原，是天下万物的母体。始与母不是同一回事。母是本体，始是母体生成万物的起始时间。这个“始”，并不是宇宙的“始”，而是“宇宙大爆炸”后太阳系形成的初期。因而老子在这里用了天下，而不是天地。这个“始”是太阳、月亮、地球的“母”。我们一定要注意的是，这里的“母”与“始”与第一章的“母”与“始”在层次上是有区别的。第一章的“母”讲的是宇宙的“母”，讲的是“道”；“始”是母体产生天地的那一瞬间；而这一章讲的“始”，则是宇宙大爆炸的那一刻，而这一时间点之后，天地产生了，所以老子把它定义为“母”。这里的“母”虽然也是“道”，与第一章相比较，层次上要低一些。

“既得其母，以知其子”，母，指“道”。“道”是产生万物的本体，是“无”。子，指具体事物，是“有”。把握了宇宙的本质，掌握了“无”，并且用“无”来认识某一个具体事物，就能知道具体事物中也有“母”的影子——“无”。知晓“有”中有“无”，从而对天下万物的认识更加明确，因而自身更加开明豁达。

“既知其子，复守其母，没身不殆”。知道了天下万物的本质，知道了任何一物都是由“无”而来，且其中之“无”在万物发生发展中的强大作用，就会增强人们守道修道的自觉性，从而反过来守“无”，守“无”才能真正处无为，才不会有任何危险。老子在多处提示我们，要守柔处弱，功成不居，这都是要求我们要按“道”的要求来行事。

那么，怎么样才能守道，守住“无”呢？

“塞其兑，闭其门，终身不勤。开其兑，济其事，终身不救。”此句理论界争议较大是“勤”，我们的理解是，此处的勤就是勤劳之意。全句应理解为：塞住欲念的孔穴，闭起欲念的门径，顺应事物的发展规律，便可处无为之事，那样终身都不会有勤苦之累了。如果打开欲念的孔穴，就会增添内心的纷杂，终身都不可救治。人应该知足知止，能知足知止的前提是控制自己的欲望。如果不控制自己的欲望，任由自己的欲望膨胀，不仅欲壑难填，导致自己心理不能平衡，且会做出一些违反道的行动，因而很难救治。

“见小曰明，守柔曰强。用其光，复归其明，无遗身殃；是为习常”。能够察见到细微的，叫作“明”；能够守柔处弱的，叫作“强”。运用其光芒，返照内在的明；无遗身殃：无：不会。遗：遗留，留下。身：身体。殃：遭殃。可译为：不会留下给自己带来灾难的种子。“是谓习常”：是：这。谓：叫做。“习”，帛书本为“袭”，地方方言：很，非常。常：正常。可译为：这是很正常的事。后几句话的言外之意在于，世人都好逞聪明，不知收敛内省，这是很危险的事情，他恳切地希望人们不可一味外露，而要守柔、处弱、内蓄、收敛，就不会给自身带来灾祸。

老子在此再一次指出，道是天下万事万物的根本与源头，是天下万物之母，要求我们后人“得其子，守其母”，“守其母”实为守“道”。那么，怎样才能守“道”呢？老子给出的答案是守柔处弱，让自己的内心真正静下来，不被外界干扰，而要做到这一点就必须“塞其兑，闭其门”，必须处无为之事，必须顺势而为，而要做到这一点则必须知“道”，知“母”。因此，知“道”，守“道”，修“道”是一体的，不能把这几个过程截然分开。有的人在听了别人的讲作之后便觉得自己懂了，知“道”了，真的知道了吗？没有。而当你真正修到一定程度的时候你才能真正知“道”；真正知“道”后，再修“道”，才会更上一层楼。对于想修“道”的人来说，没有任何捷径可以走，只有按老子说的方法，去掉分别心，无知无欲，守柔处弱，平心静气，无为而不争，顺其自然……一步一个脚印，终会开悟，终会修成。

第十章

[原文]

载营魄抱一，能无离乎？

专气致柔，能如婴儿乎？

涤除玄览，能无疵乎？

爱民治国，能无为乎？

天门开阖，能为雌乎？

明白四达，能无知乎？

生之畜之，生而不有，为而不恃，长而不宰，是谓玄德。

[解释]

“载营魄抱一，能无离乎？”载：载负。营：体内清柔之气；实际是指暗能量。《灵枢·营卫生会篇》说：“谷入于胃，以传与肺，五脏六腑，皆以受气，其清者为营，浊者为卫。”“卫主气”，“营主血”，卫属阳而营用阴，阳主外而阴主内，故从所处位置而言，有“营行脉中，卫行脉外”之说。魄：多数学者理解为魂魄，这是不准确的。因为在古人的观念中，魂与魄不是一回事。古人认为：肝藏魂，肺藏魄，心藏神，肾藏志，脾藏意；魂与魄的藏主是不一样的。且人的魂是能离开人体的，而魄是不能离开人体的。魄离开人体，人就会死亡。

而魂离开人的身体，人是不会死的，且魂离开人的身体还会回来（死人除外）。老子在《道德经》中多次提到婴儿，为什么？因为人在幼儿时期，魂能经常出入人的肉体，出了肉体就能看到许多大人看不到的东西，而魂归肉体后则又与他人无异。当人们在死亡边缘挣扎时，会发生濒死经验，灵魂出窍就是濒死经验的其中一部分。当濒死者昏迷时，他们会感觉到自己脱离了自己的肉体飘起，然后见到自己的身体以及抢救自己的医务人员。很多时在他们恢复知觉后，都能够清楚地描述当时的情形。但那个时候，濒死者其实已被断定失去知觉，甚至脑部活动停止，但他们能够准确地说出在他昏迷失去知觉期间所发生的事情。

在中国很早就有灵魂出体的描述，在很多神话故事中，都有灵魂出窍的原型，比如说西游记中孙悟空在五庄观上灵魂出窍打倒了人参果树。柏拉图认为哲学家的灵魂应尽量摆脱肉体，哲学家要获得纯粹的知识，就必须摆脱肉体，单用灵魂来关照对象本身；并且认为，灵魂是有轮回的。同时在他的著作《理想国》中记载了濒死体验现象！

有些人练习冥想，气功，瑜伽等精神修炼时，也会发生灵魂出窍现象。他们可以在出窍时去到遥远处看到那里发生的事情。

这个现象有时候也会自然地发生，据欧美方面的统计，全球约有四分之一人记得自己曾经在睡眠时有过灵魂出窍的经历。

我以为，魂、魄、神、志、意五者为人体内暗物质的一些表现形态。鬼魂并没有那么可怕。有时候你可能会看到另一个死者的鬼魂，但这个鬼魂绝没有迫害你的能力。你完全可以和他交流，满足他的一些要求。

魂能离开人的身体，但魄却是万万不能离开人的躯体的。人的营气与人的魄紧密结合组成一个完整的、健康的身体。

此句话的意思为：人体中的暗物质与暗能量能始终合二为一，做到不分离吗？体内营气属于暗能量，而魄则是暗物质。在人生存之时，营与魄是紧密结合在一起的，须臾不可分的，而营与魄的分别，则是人走向死亡的时刻。

“专气致柔，能婴儿乎？”专：专心致志的意思。气：实际上是人体内本身就有的暗能量。俗语称：外练筋骨皮，内练一口气。练气，实是练气功。气功讲的先天之气，实际上就是存在于人体内的暗能量。先人对暗能量虽然不是很了解，但对暗能量有充分的认识，为了对这一问题进行描述，给此下了个定义叫“炁”。这个“炁”字很有意思，无中有一点，这一点用火烤上，便成了“炁”。说明古人造字时，也考虑到了“炁”是从无中而来。人体内的暗能量是与生俱来的，谁的身体内都有这样的暗能量，只不过这个暗能量比较散乱，不经练习发挥不出功效。而经过一定的专业训练，不仅体内的暗能量能够集聚，而且暗能量在训练中得到提升。致：达到的意思。“专气致柔”：有的人理解为专心致志地运气，使身体达到极柔弱的状态。如果这样理解与老子的本意就有出入了。老子讲的无为，是《道德经》的哲学基础，不仅国家管理要提倡无为而治，即使我们个人养生也应该遵循这一哲学基础。因此“专气致柔，能婴儿乎?”的本意是：排除外界的一切干扰，使自己体内的暗能量在极平和的状态下自行积聚，从而使身体也达到极柔软的境地，就和婴儿一样。这是老子练功极重要的一个体会。

“涤除玄览，能无疵乎?”“涤除”：洗涤、清除。“玄览”：“玄”是神奇的意思，“览”镜子的意思。静坐之时，要扫除大脑中的一切私心杂念，但是在练到一定程度后，几乎所有人都会出现幻境（包括幻听、幻视、幻觉），这些幻境相当神奇，以至人们会被这种神奇的幻境所迷惑，有的一入静就去追求这种幻境，结果有的人走火入魔，有的人则练不出结果；究其原因，就是我们没有按老子的要求做，没有做到“涤除玄览”。疵：缺点、毛病。“能无疵乎?”是说清除了一切杂念与练功时产生的幻境，在练功时才不会练得走火入魔，不会出毛病，才能真正练出真功夫。

“爱国治民，能无为乎?”热爱国家，治理人民，能施行“无为之治”吗?

汉墓帛书甲乙本中“治”为“栝”。王弼本中“无为”作“无知”，景龙碑等作“无为”。

对于这一句话的理解，理论界似乎没有多大的分歧，但是如果我们按先哲们的理解来通读全章，则似有不妥。老子在章首及以下的论述中几乎全是论述的养生问题，这里突然出来个

“爱民治国”就不好理解了。更何况老子在第五章中说：“天地不仁，以万物为刍狗；圣人不仁，以百姓为刍狗。”老子不主张偏爱的，因为任何人都不可能真正做到一点不偏不倚爱每一个人。只要你表现出爱意来，就是对某一部分的爱，对某一部分的不爱。因而老子说“圣人不仁，以百姓为刍狗”。既然把百姓当刍狗来看，就不存在“爱”的问题，因此结合全章内容，我认为此句应该为“修身治国，能无为乎”更为妥当一些。有的学者认为：此处之国是指人的身体，而民是指肢体和器官。这种理解应该更接近老子的本意，但理解起来还是有些吃力。

治国与修身都要遵循无为的原则，不能盲目冒进，不能主观生事。应该用无为的原则来统领国家与自身，而用无为的原则，我们在修身时就不能用意，一用意就是有为之举，一用意身体的某一部位就会有相应的动作或变化。而不用意时人的身体才能真正的放松，心才能真正的静下来，这样功夫才能有长进。老子主张用无为的原则练功，不主张用意使气，是不是老子就完全反对所有人都不能用意用气？我的感觉不是。因为老子紧接着就说“天门开阖，能为雌乎”，而天门的开与合是要有练功者的意念参与的。所以，老子谈养生时讲无为，着重是给初练者讲的，而对于那些功夫已经很高很深的圣人来说，则可以自由掌握了。有的同志认为此句讲为政与养生两个问题，其实不然。老子在这里主要就是讲养生的，之所以提治国一词，是为了突出无为的重要性。

“天门开阖，能为雌乎？”天门：位于头顶正中，其下为泥丸宫。气功达到一定境界后，天门就能自动打开和闭合。天门开，人的灵魂就能自由走出人体，人的灵魂回到身体后，天门就会自动闭合。“能为雌乎”能做到“雌”吗？“雌”被动的意思。此句话的意思是天门的开合，也不要主动作为。

“明白四达，能无知乎？”彻悟大道，窥破天机，练就六通神功，能够不自我炫耀，一切按客观规律办事吗？修炼气功达到一定境界就可以追忆过去，预测未来。然而，有些未来之事毕竟有其发展的自然过程，预先泄漏天机会给社会带来不必要的混乱。因此，老子特意强调，尽管“明白四达”，也要甘守“无知”。

“生之，畜之。生而不有，为而不恃，长而不宰，是谓玄德。”“生之，畜之”：理解此处的关键是对“之”字的理解。通常人们都认为“之”是指“万物”。把此句译为“道生万物，畜养万物”。这样理解就不准确了。“之”是指暗能量，是指“气”。虽然先天之气存在，但我们普通人感觉不到，通过“涤除玄览”，清静无为的修炼，修炼者会感觉到产生出“气”了（生之），通过长久地习练，散在全身各处的“气”汇集到一起，且修炼时间越久，汇集的越多，越丰富（畜之）。

“生而不有”，气汇集起来后，不能持续长时间持有。意思是练功时我们可以持有“气”，而练完后，便不能再持续性地用意使气。过度地用气不仅不利于自己，反而会出偏差。

“为而不恃”，做一些事情不自恃有功而胡乱地用意使气。更不能认为自己掌握了暗能量，就随意使用，胡乱使用。

“长而不宰”，功夫虽然达到很高的层次，也不会中断练习。“宰”：宰割，割裂，这里引申为中断。修炼道德功是永无止境的，虽然有了较深厚的功底，还应该坚持不懈地练习。

“是谓玄德”：这就是神奇的德。玄：此处应做神奇讲。此处之“玄德”是人与道合之德，是真正之“玄德”。

第十六章

[原文]

致虚极，守静笃；万物并作，吾以观复。

夫物芸芸，各复归其根。归根曰静，静曰复命。复命曰常，知常曰明。不知常，妄作凶。

知常容，容乃公，公乃全，全乃天，天乃道，道乃久，殁身不殆。

[解释]

上一章讲了修炼道德功的基本原则，本章是讲修炼道德功的方法。

"致虚极，守静笃"。虚无是道的本体，但运用起来却是无穷无尽的。"致虚极"，关键要理解一个"虚"字。"虚"，是虚无的意思，就是让自己身体的各个部位都要做到虚无。而虚无的前提是放松，不放松身体就达不到虚无的境界。虚无是全身内外全部松弛下来，放空自己，不着一物，不着一念。"致虚极"就是要达到虚无的极限。

"守静笃"是要人们排除外界物欲的诱惑，回归到虚静的本性，这样才能认识"道"，而不是为争权夺利而忘了"道"。"虚""静"本为一体的，"守静"必"致虚"，"致虚"必

“守静”。尽力使心灵的虚寂达到极点，使心灵的清静达到笃深的境界。身体与心灵经过长年的虚、静、沉、柔的训练后，身体内的暗能量会沿着一定的路线（大周天、小周天）前进，循环往复。

“万物并作，吾以观复”。此处之万物从大来讲，是宇宙天体，从小来说是人本身以及我们体内的真气。由于体内真气平时散乱存在于身体各处，因而老子把它们称之为万物。经过训练后，真气能自由游走于身体各处，但无论哪里的真气终究会回到它原来的地方。老子的水平已经达到很高境界，他既能看到宇宙的循环往复，也能看清体内真气循环往复地运行，因而他说“吾以观复”。致虚守静是手段，吾以观复是目的。

“夫物芸芸，各复归其根。”那万物纷纷芸芸，各自返回它的本根。万物的本根是什么？万物的本根是“宇宙黑洞”，是“无”。从小的方面讲，人的魂的根在肝，魄的根在肺，灵的根在心，志的根在肾，意的根在脾。

“归根曰静，静曰复命。复命曰常，知常曰明。不知常，妄作凶。”魂、魄、灵、志、意只有返回到它的本根才能做到真正的清静，做到真正的清静就叫作复命。复命的意思是执行命令后回报。人身体内的暗物质、暗能量会回到原来的地方，这就是归根；回到自己原本的地方就叫作静，保持这种静定的状态就叫回复命令；回复命令就能保持生命的常态，认识了这种常态就叫作聪明，不认识这种常态而盲目地用意用气，往往会出乱子和灾凶。这是老子对修炼者的一个忠告：练功要顺其自然，不要用意念来引导练功，意念用得多了，会走火入魔的。

知道了生命的这种常态，就会更加深刻地领会“道”的真谛，就会有更加广阔的胸襟，外界的一切就会更加包容。能对外界的一切都能包容的人，为人处事就会坦然公正，公正做事就能周全，周全才能符合自然的“道”，符合道才能长久，终生不会遭到危险。

“知常容，容乃公，公乃全，全乃天，天乃道，道乃久，殁身不殆”。知道了宇宙的规律，就会对世间事充满包容心。充满包容心就不会有私心，没有偏私之心就会顾全大局，顾全大局就是符合天之意，符合天之意的行为也是符合道的，符合道的、不与道相违者就会长久。

“殁身不殆”之“殁”在帛书版中为“没”，有的学者把它翻译成“终身”或“到死”，有的则译成“遭受灭顶之灾”。而我以为，我个“殁”或“没”应该与第十三章中的“及吾无身”是一个意思。如果没有这个肉体，就不会有任何危害了。也可引申为：如果没有自我意识，不会有任何危害。许多人爱生气、易动怒，不发火不生气的又成了抑郁症，究其原因就是因为自我意识太强了。把这些自我意识全部放下，做到“无”、做到“没”，有什么事情会让你生气？有什么东西会引起你抑郁？

在此章老子特别强调致虚守静的功夫。他主张人们应进入虚寂沉静的境界，去面对宇宙万物的运动变化。在他看来，万事万物的发展变化都有其自身的规律，从生长到死亡、再生长到再死亡，生生不息，循环往复以至于无穷，都遵循着这个运动规律。老子希望人们能够了解、认识这个规律，并且把它应用到社会生活之中。在这里，他提出“归根”“复命”的概念，主张回归到一切存在的根源，这里是完全虚静的状态，这是一切存在的本性。

第五十五章

[原文]

含德之厚，比于赤子。

毒虫不螫，猛兽不据，攫鸟不搏。骨弱筋柔而握固。未知牝牡之合而朘作，精之至也。

终日号而不嗄，和之至也。

知和曰“常”，知常曰“明”，益生曰祥，心使气曰强。

物壮则老，谓之不道，不道早已。

[解释]

前面讲了修炼道德功的原则和方法，本章则讲述为什么要遵守这些原则和方法的原因。

“含德之厚，比于赤子。”一个品德纯厚的人，好比初生的婴儿。初生婴儿是什么样子？骨弱筋柔，无知无欲。

“毒虫不螫，猛兽不据，攫鸟不搏。”蜂蝎毒蛇不伤害他，凶鸟猛兽不抓扑他。

“骨弱筋柔而握固。未知牝牡之合而朘作，精之至也。”朘（zuī）：男子生殖器。他的筋骨虽然柔弱，小手却握得很紧，不知交合之事，小生殖器却能自然勃起，这是精力旺盛的表现。

“终日号而不嗄，和之至也。”嗄（shà）：嗓音嘶哑。有时整天号哭不止，嗓子却不会沙哑，这是真气和合的表现。帕瓦罗蒂在他未出名前，曾住宿在一家小宾馆，夜晚隔壁房间小孩哭个不停……起先他还愤愤不平，但后来，他发现小孩虽然哭了一夜，声音并没有降低。于是，他干脆起来，学习小孩的发音方法，终成世界三大男高音之一。当今著名歌手在一个节目中宣传他的教学方法，蹲下来，用后腰发力来唱。这些方法，其实都是老子讲的发声时要注意声音的和合，内外的和合。

“知和曰常，知常曰明。益生曰祥，心使气曰强。”和：和合、和谐、平衡。常：人体本身气血运行的规律。明：明白，明了。益生：有益于生命。祥：吉祥，是认识并尊重客观规律的结果。“和”的思想在中国传统哲学中占有极重要的地位。在阴阳五行中，金木水火土相互制约、相互促进是最好的结果。如果五行中，金木水火土的任何一方过强或过弱，都会导致五行的不平和，甚至会导致混乱。阴阳也一样，阴阳任何一方过强或过弱都不好，会导致阴阳的不平和，甚至会导致这一阴阳质的变化。阴阳的平和是保持事物本质的基础。

认识了身体内部五脏六腑相互平衡以及全身暗能量和合的重要性，这就了解了人体自身的气血运行的规律，这就叫作“常”。知道了保持身体五脏六腑相互平衡的重要性，并能保持这种平衡，这就叫作“明”。有益于生命叫作吉祥，用意指使气运行的行为叫作“强”。老子主张守柔处弱，不主张

“强”，而“心使气”的行为正好与老子的主张相悖。那么，“心使气”是什么样的行为呢？“心使气”就是练气功者经常说的意念行气，也就是用意念想着气走到了哪儿，气怎么走。有的气功师在指导人们学习的过程中都在讲用意行气，这是不符合老子的思想的。因为你越是用意行气，越是想有所长进，越是不得要领，越是练不出功夫。要想真正练好气功，就必须摒弃这种有为的做法。

“物壮则老，是谓不道，不道早已。”造成“物壮则老”的关键就在于“心使气”，就是讲修炼气功时切不可太执着于意与气，不要总想着达到什么样的境界，而为了达到这样的境界就盲目地用意、用气，这样只会走火入魔，使阴阳失调，导致生命“早已”。老子不主张“强”的，也不主张“有为”，因而在练功的过程中，最好不要用意念。现代的气功师们都主张意念用气，主张意守丹田，这种做法与老子的思想是有出入的。

事物过于壮盛了就会变衰老，这就叫不合于“道”，不遵守常道就会很快地死亡。物体刚刚强壮就趋向衰老，这是因为不懂得养生之道，不懂得养生之道生命就会早逝。

就人类的身体素质而言，最强壮的时期大约是二十二岁左右，此时身体完全发育成熟，超过这个年龄，身体就开始衰老。对此，世人都以为是正常现象，而在老子看来，这是不懂得养生之道的结果。不懂得养生之道，寿命就会缩短十分之三。

不懂得养生之道就会放纵欲望，对外执着于名利，或做损人之事，或做防人之心，终日疲惫不堪；对内追求感官刺激，贪杯贪色，吸烟吸毒。如此一来，内损外耗，元气大伤，阴阳失和，于是各种疾病相伴而生：头疼感冒、神经衰弱、失眠健忘、阳痿早泄、高血压、糖尿病、脑血栓、心脏病、艾滋病、各种老年性痴呆症、精神忧郁症等等。现代人的生命终结，有多少人是无疾而终、自然老化的呢？看到人们在极端痛苦中死去，我们能从中感悟到什么呢？古人说："财是催命小鬼，色是刮骨刚刀，酒是穿肠毒药。"这些至理名言，谁能悟得透呢？

第五十章

[原文]

出生入死。生之徒，十有三；死之徒，十有三；人之生，动之于死地，亦十有三。夫何故？以其生生之厚。

盖闻善摄生者，陆行不遇兕虎，入军不被甲兵。兕无所投其角，虎无所措其爪，兵无所容其刃。夫何故？以其无死地。

[解释]

“出生入死，生之徒，十有三；死之徒，十有三；人之生，动之于死地，亦十有三。夫何故？以其生生之厚。”人与其他动物一样，都始于生，而终于死。人生就是一个过程，一出生便开始走向死亡，只不过有的走的时间长些，有的走的短些。在这个过程中，属于长寿的人有十分之三；属于短命而亡的人有十分之三；本来可以活得长久些，却自己走向死亡之路，也占十分之三。为什么会这样呢？因为奉养太过度了。现代人为什么会得那么多病？其实质原因就是奉养过度了。七八十年代，糖尿病很少听说，为什么？人们吃都吃不饱，体内糖分太少，有可能得糖尿病吗？现代人的病几乎都是吃得太好，吃得太多导致的。我们再看看那些长寿老人，有几个是美味品尝家？有几个是生活很优裕的？因此，老子在两千多年前就提醒我们，不能“生生之厚”。当然，老子当时并不是提醒普通百姓，而是提醒统治者。因为当时经济并不发达，一般富裕户能保证温饱就很不错了，能处于“生生之厚”者，只有统治者及其当权的高官们。老子在此再一次从另一个角度告诫统治者，若想活得更长一些，不要过于贪图物质生活的享受，要恬淡、要清静，生活上要尽可能粗茶淡饭，吸取多种食物的营养。

“盖闻善摄生者，陆行不遇兕虎，入军不被甲兵。兕无所投其角，虎无所措其爪，兵无所容其刃。夫何故？以其无死地。”理解此句关键是“摄生”二字。多数学者都把这两个字解说成“养护生命”，我觉得欠妥。“摄”应该是震慑之意。“摄生”是震慑其他生命之意。“善摄生者”是道德功夫深厚者有强大的气场，兕虎看到他就会被他强大的气场震慑而逃离，就是手持兵刃者看到他也尽力远离。此句可译为：据说，善于震慑其他生命的人，在陆地上行走，不会遇到凶恶的犀牛和猛虎，在战争中也受不到武器的伤害。即使遇到了犀牛，犀牛也没办法用角顶撞他，遇到老虎，老虎也不会用爪子击打他，遇到战场，兵刃也不会对他的身体造成伤害。为什么会这样呢？因为他没有进入死亡的领域。

老子认为，人不应该太注重自己的身体，奉养过度反而对自己有害。而那些修炼有成的“善摄生者”却不是那么注重自己的身体，遇到事情勇敢去面对，反而会“兕无所投其角，虎无所措其爪，兵无所容其刃”，而那些“生生之厚”者却鲜有长寿的人。

太极拳高手能够达到一种境界：当你袭来时，你明明意识到打到他的身上了，可是实际上却用不上劲，自己却被对方打出去了。你推对方，用了全身的劲，可对方却纹丝不动，而对方一动你就出去了。为什么会这样？也许就是老子说的“无死地”的缘故吧。太极拳要求松、静、沉、柔，这与老子的教旨完全相同。可以说，太极拳吸取、融合了中国古典哲学的精华，使其成为具有代表性的中华文化遗产。

第八部分　为人处事

老子这部分内容，好像是在和我们谈心，用很简单的例子，阐述了深刻的道理。

老子认为，任何人在处理任何事情前，首先要认识自己，要“明”，同时要认清自己身上的缺点毛病并认真改正。我们在处理问题时总是患得患失，就是因为我们在考虑、权衡自身利益，如果我们不把个人利益渗进来，而是以社会大众的利益为标准，事情便很好处理了。而且，如果能全身心为社会做贡献，也一定会得到社会的认可。

在处理具体事情时，要从小事做起，从容易处做起，如果能把所有小事全做完，大事也迎刃而解了；如果把所有容易做的事都做完了，那么难事也就不存在了。切不能小的看不下，大的做不了，这样一辈子将一事无成。

要知道自己不懂的东西还很多，因而要承认自己的“不知”，善于学习新知识，切不能不知为知、自以为是。

第三十三章

[原文]

知人者智，自知者明。

胜人者有力，自胜者强。

知足者富，强行者有志。

不失其所者久，死而不亡者寿。

[解释]

“知人者智，自知者明。”“知人者智”，能了解、认识别人叫作智慧；“自知者明”，就是说能清醒地认识自己、对待自己，这才是最聪明的，最难能可贵的。“知人者智，自知者明”，这句话很好理解，但很难做到。如何才能真正认识别人？我们每个人一生都在努力寻找答案，可我们每个人一生很可能不能真正认识一个人，很多人都会发出这样的感叹：“识人识面，难识心啊!”，“我和他相处那么多年，把他当作最好的朋友，可我却没发现他是这样的人!”有的人和爱人相濡以沫一辈子，但最终他也不可能真正认识他的爱人。这些事例充分说明识人之难。那么识人有没有什么方法？方法其实很简单：将心比心，真正站在对方的角度考虑问题。如果你遇到和他一样的问题，你会怎么想？怎么做？这样你才会真正懂得对方，了解对方，认识对方。知人是很难的，但要做到自知则更难。谁都有自以为是的心理，总认为自己是正确的，自己是对的，自己的想法是合情合理的……可实际情况并非如此。他认为自己正确的时候，实际上他已经犯了很大的错误。任何人在认识自己时总会拔高自己的形象，拔高的程度因人而异，而认识别人时我们则会有意无意地贬低别人，这就会出现人与人之间的认识差距，这个差距很难弥合。孙子兵法中有“知己知彼，百战不殆”，但能百战不殆的人又出现过几人？因此，在日常生活中，我们不应该太过分地苛求别人，也不能过于宽容自己，而应该反过来：宽以待人，严于律己。有句成语“人贵有自知之明”，其源头就在这里。

“胜人者有力，自胜者强。”能战胜别人是有力的，能克制自己的弱点才算刚强。别人有什么缺点我们往往看得很清楚，并能给其指出来；但是自己身上的缺点错误却很难发现，即使发现了也往往不以为然，很难正确认识，并真正予以改正。只有真正认识自己的缺点错误并加以改正，且时时对照改正结果，不让这一错误重犯的人才是强者。

“知足者富”。知足者富的思想是极其深刻的。一个人富裕与否，不在于他拥有多少物质财富，关键在于他个人的“感觉”。钱有多少是够？自古以来没有定论。要说不够，有多少也不够；要说够，有多少也够。有的人说他有 5000 元存款就够了。可如果他真有 5000 元的时候又想，能有 10000 元就真够了，而当他真有 10000 元的时候，就会想得到更多，正所谓欲壑难填。新闻报道称：贪官贪了几个亿，用坏了几个点钞机，如果他能感觉到够，他贪那么多干什么？幸福与否，不在于你有多少金钱，有多少物质财富，不在于你拥有多少，关键在于你的心中是不是知道满足。你能知道满足，你就是快乐的，就是幸福的，同时也是富裕的。我认识一位老农，已经丧失劳动能力，只是靠政府发的微薄的养老金生活，但他感觉很满足："现在的农民，简直生活在天堂里，种地不用交税，还有政府补贴……中国几千年的历史中，哪届政府能做到这些？"当问及生活够不够时，他笑着说："够了，够了。想吃肉能吃肉，有吃有喝，有穿有戴，够了……"虽然没有多少存款，但这个人才是真正的富人！

"强行者有志"，有许多学者认为"强"与"勤"音近，古时可能通假，因此，"强行"勤奋力行之意。全句的意思是：勤奋努力坚持不懈地做自己认准了的事，就是有志的。任何人做事都不能挑三拣四，一件事做了半截，觉得没意思，又选另一件做，做了半截又觉得不合口味，再换一件……换来换去一辈子一事无成。事情本无大小贵贱，再小的事，如果你把它做精致了，也是一件了不起的事。

"不失其所者久"，这个"所"指什么？有的译成"本分"，有的译成"根本"，似乎争议不大。所：在这里应该理解为住所。整句话应译为：有安身立命之所的人才能长久生存在此处。我们知道，肝藏魂，肺藏魄，心藏神，肾藏志，脾藏意；魂、魄、神、志、意五者只有不失其"所"，才能长久。

“死而不亡者寿”，身虽死而“魂”仍存的，才算真正的长寿。我们一直反对唯心主义，且认为灵魂之说就是唯心之说，死而不亡就是说灵魂不死，就是说有鬼。这种说法遭到当代多数学者的抨击，如果我们的科技进一步发展，发现魂是存在的，魂是一种暗物质，也许到那一天我们才能真正理解老子的思想了。佛教中讲的脱离六道轮回，也许就是这个意思吧。

第七十九章

[原文]

和大怨，必有余怨；报怨以德，安可以为善？

是以圣人执左契，而不责于人。

有德司契，无德司彻。

天道无亲，常与善人。

[解释]

“和大怨，必有余怨；报怨以德，安可以为善？”和解深重的怨恨，必然还会残留下怨恨；用德来报答怨恨，这怎么可以算是妥善的办法呢？那么更好的办法有没有呢？更好的办法应该是我们处理任何事情都不要留下任何怨恨。那么，怎样才能做到不留下任何遗憾呢？老子举了个例子加以说明。

“是以圣人执左契，而不责于人。”有道的圣人保存借据的存根，但并不以此强迫别人偿还债务。

“有德司契，无德司彻。”有“德”之人就像持有借据的圣人那样宽容，按契约约定的内容解决；没有“德”的人完全不按契约内容办，就像管税收的人那样苛刻刁诈。

“天道无亲，常与善人。”自然规律对任何人都没有偏爱，永远帮助有德的善人。

本章有“圣人执左契，而不责于人”一句，希望人们做有德行善之人，才可能得天道的庇护。因为“天道无亲”，对万事万物都非常公正，并非对哪一物有特别的感情，有德行善之人，他所以得到“天”的帮助，是因为他顺应自然规律的结果，是他自身努力的结果。老子在这里劝人为善，虽然别人借了你的钱，但也不整天拿着借条和黄世仁一样催债。

有德之人虽按契约行事，但不苛求于人；无德的就像收税的人一样，毫厘不让。天道没有亲疏贵贱之分，但天道常常会眷顾善良之人。

俗语常说：“话说好，人不恼。”意思是，在事前做好相应的约定，事后不能不同意而恼怒。老子就是这个意思。

第五十四章

[原文]

善建者不拔，善抱者不脱，子孙以祭祀不辍。

修之于身，其德乃真；修之于家，其德乃余；修之于乡，其德乃长；修之于邦，其德乃丰；修之于天下，其德乃普。

故以身观身，以家观家，以乡观乡，以邦观邦，以天下观天下。

吾何以知天下然哉？以此。

[解释]

对于此章的解读，理论界没有多少实质性争议。没有实质性争议的原因是由于人们虽然对前人的解释不满意，但又提不出更合理的解释。理解本章的关键在于对“德”的解释。前人多倾向于把“德”与“道”相对应。把“修之于……”的“之”理解为“道”或“德”。我们的理解是：“德”是功德、成就的意思；“之”是指“善建者不拔，善抱者不脱”。

“善建者不拔，善抱者不脱，子孙以祭祀不辍。”善于根据自身实际条件选择职业者，是不会半途而废的；善于坚持自己选择的职业始终如一的，一定都会有所成就，都会惠及后人，后人也会感念他们的所作所为，因而不会中断对他们的祭祀。此句有两层含义，一是善于根据自身实际情况选择从业方向，二是选择了方向就要咬定青山不放松。职业没有好坏之分。只是我们有的人认为坐办公室轻松、自在、体面、有保障……但我们好好想想，在这种环境中成长起来的干部能有多大的成就？我们再返过来看看那些有成就的人，几乎没有哪一个是轻松的，几乎都是选择了职业方向后很少再变动的。他们身上都有一种韧性，认准了一定干到底，几经失败，最终由小到大发展起来。

“修之于身，其德乃真；修之于家，其德乃余；修之于乡，其德乃长；修之于邦，其德乃丰；修之于天下，其德乃普。”如果一个人把上述两大原则运用到自己身上，那么这个人就会真真切切地感受到自己的收获；把上述两大原则运用到一个家庭，那么这个家庭的收入是有富余的；如果把这些原则运用到一个乡里，这个乡的经济就会有增长；把上述原则运用到一个“邦”里，这个邦的经济也会有很大提高；把这些原则运用到普天之下，天下人普遍都会获得经济发展带来的利益。

“故以身观身，以家观家，以乡观乡，以邦观邦，以天下观天下。吾何以知天下然哉？以此。”所以，用自身的情况来观察别的人；以自家察看观照别的家庭；以自己的乡邻察看观照其他的乡邻；以天下之情况察看观照天下。我怎么会知道天下的情况之所以如此呢？就是因为我用了以上的方法和道理。

老子认为，一个家庭，一个地区，甚至一个国家，能不能搞好，关键看他采取的政策是不是符合本地的实际，制定好了政策还要一如既往地执行。就像有些所谓的民主国家，这届政府搞一套，下届政府搞另一套，政策没有连续性，很难推动社会发展的。中国政府改革开放以来，几十年一个政策，无论哪届政府都沿着最初制定路线推进，西方国家几百年的路程，中国用了短短四十年便赶了上来，在减贫脱贫方面甚至走在的世界的前头。

我们在发展中各地始终根据本地实际情况制定适合本地发展的政策，因地制宜，提出我们的重点任务是能源、交通问题。几十年我们紧紧抓住这个重点，使我们的能源交通有了质的飞跃。正是因为习近平总书记能够“以天下观天下”，指出影响发展中国家发展的关键因素是交通问题，适时提出“共建一带一路”的思想，提出人类命运共同体的思想……这些思想站在一个民族一个党派的角度是提不出来的，更不是那些狭隘的所谓的民主主义者能够践行的。

第六十三章

[原文]

为无为，事无事，味无味。

大小多少，报怨以德。

图难于其易，为大于其细；天下难事，必作于易；天下大事，必作于细。是以圣人终不为大，故能成其大。

夫轻诺必寡信，多易必多难。是以圣人犹难之，故终无难矣。

[解释]

“为无为，事无事，味无味。”是老子理想中的“圣人”的三大修为。“为无为”，就是做顺应自然规律的事。在这里，“为无为”着重是讲自我养生的，或者具体地讲，是讲气功的，他主张修炼气功时，要顺应自然，不可妄为，不要冒进，要顺其自然。“事无事”，第一个“事”是从事之意。对于“道”而言，对于天地而言，世间之事何为“事”？正所谓“天下本无事，庸人自扰之”。天下无事，圣人也要做这些无事之事。天下之事都按其因果关系运行，有什么因就会有什么果，不是你人为去把控的，只需要我们种好“因”，做好事便可。你做了好事，种了好的“因”，便会得好的“果”。此即

“种瓜得瓜，种豆得豆”。把这个道理推及至人类社会的通常事务，就是要以“无事”的态度去办事。所谓“无事”，就是希望人们从客观实际情况出发，一旦条件成熟，水到渠成，事情也就做成了。“事无事”的本质是心静，不让外界干扰自己的内心。

一个记者采访一位得道高僧。问：“您得道前每天做什么？”

“吃饭，扫地，睡觉。”

“得道后呢？”

“吃饭，扫地，睡觉。”

记者愕然，问“有什么区别？”

“得道后，吃饭就吃饭，扫地就扫地，睡觉就睡觉。”

高僧的回答正是对“事无事”极好的解答。

“味无味”，第一个“味”是品味之意。“味无味”就是品味无味。品味无味就是一个“淡”字。老子要求人们在修持中要保持心静，而保持心静的前提是对身边的一切都要淡然，既不看重，也不看轻，平平淡淡看世事。修持就是要品味这种平淡，并在这种品味中提高自己。不品味这种平淡，要想修得正果，自古及今恐怕没有一人。我们后人推崇老子，但老子在世时并不是名声显赫，以至《史记》中的记载也不确定——说明老子在“淡”字上下足了功夫。

“大小多少，报怨以德。”对于这一句的解读，理论界没有给出一个值得信赖、公认的答案。虽然从字面上似乎好理解，但是放在这里，前后都很难照顾得到。有的学者提出，这句是错简，应该放在七十九章。我同意这一观点。此句应该译做：以德报怨，可以化大怨为小怨，化多怨为少怨。

“图难于其易，为大于其细；天下难事，必作于易；天下大事，必作于细。”这是提醒人们处理艰难的事情，须先从容易处着手；处理大事情，须从细小之处着手。把极容易、极细小的事情做好，做精致，以后的大事也就会处理了。天下任何一件难以解决的事，一定得先从容易处下手解决，把易解决的事一件件都解决了，难事也就不存在了。天下的任何一件大事，都是由一件件小事组合而成，如果我们把所有小事都解决了，天下大事也就解决了。古往今来的年轻人都心高气傲，总想做惊天动地大事，不愿做一些具体小事，结果几年下来大事没见着，小事也没做，空枉了岁月。老子在二千五百年前就告诫我们现在的大学生，做事情要从小处着手，切不可贪大。即使我们真有大本事，也要从小事做起。把我们遇到的所有小事做好了，我们想做的大事也就做成了。所以在这里奉劝大学生们，在找工作时切不可要求过高，目标过大。

“是以圣人终不为大，故能成其大。夫轻诺必寡信，多易必多难。是以圣人犹难之，故终无难矣。”因此，有“道”的圣人始终不贪图做大事，而是把一件件小事做完美做精致，所以才能做成大事。那些口出狂言轻易允诺的，必定很少能够兑现的，把事情看得太容易，势必遭受很多困难。因此，有道的圣人总是看重困难，所以就没有解决不了的困难。“难之”，这是一种慎重的态度，缜密的思考，细心而为之。

世事并不复杂，复杂的是我们自己。

老子在此章提出一个很重要的原则，所有大事都是由小事构成的；所有难事都是由容易之事组成的。因此，想做大事，就必须把每一件小事做好，做精致；想处理难事，就必须从容易之处一点一点地来，忙不得，急不得。搞企业也一样。企业只有把自身的生产经营搞好，脚踏实地，一步一步地来，不能总想一口吃个胖子。可有的企业似乎不懂这个道理，总想找捷径，“大道甚夷，而民好径”，说的也是这个道理。搞企业有捷径吗？没有。世界五百强中没有哪个企业是靠捷径变成五百强的，也没有哪个企业靠资本运营把企业搞大的，资本运营在一个小的范围内做一下调剂可以，把它作为企业的重头来做就不对了。企业要想有发展，必须得靠自己生产的产品说话，只有产品品质上去了，成本下来了，你才能有好的发展，靠卖企业是发不了大财的。也许你在一时一事上你能挣些钱，但不可能长久。因为你的这些企业如果都是很挣钱的，你不会卖它；不是很挣钱，你又想卖个高价，世上有那么多傻子吗？你精，人家也不傻。因此，要想搞好企业，就必须从内部管理入手，抓好人、财、物，产、供、销每一个环节，脚踏实地，一步一步做好每一件小事、易事，你才可能把企业搞好，你也才可能把企业搞大。企业管理没有任何捷径可走。

第六十四章

[原文]

其安易持，其未兆易谋；其脆易泮，其微易散。为之于未有，治之于未乱。

合抱之木，生于毫末；九层之台，起于垒土；千里之行，始于足下。

为者败之，执者失之。是以圣人无为故无败，无执故无失。

民之从事，常于几成而败之。不慎终也慎终如始，则无败事。

是以圣人欲不欲，不贵难得之货，学不学，复众人之所过，以辅万物之自然而不敢为。

[解释]

“其安易持，其未兆易谋；其脆易泮，其微易散。”局面安定时容易把持，事情没有出现变化迹象时容易图谋；事物脆弱时容易分离；事物细微时容易消散。

“为之于未有，治之于未乱。”做事情要在它尚未发生以前就处理妥当；治国理政，要在祸乱没有产生以前就把祸乱产生的根源削除掉。

“合抱之木，生于毫末；九层之台，起于累土；千里之行，始于足下。”合抱粗的大树，生长于细小的枝芽；九层的高台，筑起于每一堆泥土；千里的远行，是从脚下第一步开始走出来的。

“为者败之，执者失之。是以圣人无为故无败，无执故无失。”不按事物发展规律强行有所作为的将会招致失败，不清静自然，有所执着，将会遭受损害。因此圣人无所作为所以也不会招致失败，无所执着所以也不遭受损害。无所执着，就是要求我们每一个人在做任何一件事时，不要有任何先入为主的想法，更不要强化这种想法。只要你在处理任何事情前有任何强烈的想法，事情的结果都会背离你的这种执着的想法。执着心越强，所受得损失也越大。

“民之从事，常于几成而败之。慎终如始，则无败事。”人们做事情，总是在快要成功时失败，所以当事情快要完成的时候，也要像开始时那样慎重，就没有办不成的事情。

“是以圣人欲不欲，不贵难得之货，学不学，复众人之所过。”此句是本章中最难理解的一句。“欲不欲”就是以不欲为欲；“不贵难得之货”就是不把难以得到的东西当作贵重的东西，当作宝贝。“不贵难得之货”并不是“欲不欲”的结果或目的，只是“欲不欲”之手段。老子在第三章讲“不贵难得之货，使民不为盗”，在第十二章讲“难得之货，令人行妨”。因此，这里讲不贵难得之货的意思，并不局限于文字中，而是讲不贵难得之货，是为了不引起民众的贪欲。这半句的意思是我自己不仅无欲，也不会做引起他人欲念的事。“学不学”就是以不学为学。老子在第三章讲“不尚贤，使民不争”，在第十九章讲“绝圣弃智”“绝学无忧”，意思是标榜那些外在的学来的东西，会引起人们的竞争心。老子认为，心静下来悟到的东西是真正用得到的知识，而学到的知识只是术的东西，而术的东西会引起人们对名利的争抢。“复”是重复之意。“复众人之所过”就是重复别人所做过的错事。如果别人错了，而你另辟蹊径——做对了，也会引起人们心理的不安，不利于人们把心静下来。因此，后半句可解释为：不仅自己要保持心静，做到静能生慧，而且不做引起人们心乱的事。别人都做错了，我也按别人的步骤做，因为世事本无对与错。

“以辅万物之自然而不敢为。”“辅”辅助、帮助之意。此句可解释为：这样可以帮助万物按照自己发展的规律发展，而在这个过程中我却不敢有所作为，真正做到了“无为”——这才是真正的无为。

老子依据他对人生的体验和对万物的洞察，指出许多人不能持之以恒，总是在事情快要成功的时候失败了。出现这种情况的原因是什么？老子认为，主要原因在于将成之时，人们不够谨慎，开始懈怠，没有保持事情初始时的那种热情，缺乏韧性，如果能够做到“慎终如始，则无败事”。老子认为，一个人应发挥智能的最佳状态，只有在心理平静的自然状态下才能做到。总之，在最后关头要像一开始的时候那样谨慎从事，就不会出现失败的事情了。

老子认为，大的事物总是始于小的东西而发展起来的，任何事物的出现，总有自身生成、变化和发展的过程，人们应该了解这个过程，对于在这个过程中事物有可能发生祸患的环节给予特别注意，杜绝它的出现。

老子讲无为，那么怎么样做才是无为呢？老子在此章给出了答案。帮助万物按照自己的运行规律发展，即使众人错了，也不去纠正，而是让他们自行发现自行改正，绝对不会做扰乱人们心静的事。

第七十一章

[原文]

知不知，尚矣；不知知，病也。

圣人不病，以其病病。

夫唯病病，是以不病。

[解释]

“知不知，尚矣；不知知，病也。”知道自己还有所不知，这是很高明的。不知道却自以为知道，这就是很糟糕的。

“圣人不病，以其病病。”有道的圣人没有缺点，就是因为他能够认识到自身存在的缺点并把这些缺点改掉。

“夫唯病病，是以不病。”正因为他把缺点当作缺点，并能把缺点改掉，所以，他没有缺点。

我们现在已经处在知识大爆炸的时代，根据现有的研究结果，1995 年时知识每五年就翻一番。科学知识正以史无前例的速度增长。即使是世界上最博学、最聪明的科学家也无法记住所有的科学知识，更不用说科学知识本身就是进行新旧更替，人们在不断提出新的、更为合理的认识。一些事实性的知识也在随着人们认识手段的提高而得以修正。因此，在知识的海洋中，任何人一生都只能品尝知识海洋中的一丁点知识，永远也不可能知道的很多。所以老子说“知不知，尚矣”。在老子看来，真正领会“道”之精髓的圣人，不轻易下断语，即使是对已知的事物，也不会妄自臆断，而是把已知当作未知，这是虚心的求学态度。只有这个态度，才能使人不断地探求真理。所以，老子认为，“知不知”，才是最高明的。

在现实社会生活中，一些人自以为是，目中无人，只学了一丁点儿知识就以为了不起了，就给自己起个什么什么大师。其实凡给自己起大师名号的，都是骗子。有的人连《易经》都看不懂，就自称是大师；有的人连《道德经》也看不懂，也称自己是大师；你说这不是骗人是在做什么？中华国学深奥且厚重，要想真正读懂国学，《易经》《黄帝内经》《道德经》三部经是必须要读的，少读其中任何一部经，都不可能真正了解中国古人的哲学，也就不可能真正了解国学。有个别人缺乏自知之明，刚刚学到一点儿知识，就以为了不起，从而目中无人，目空一切，甚至把自己的老师也不放在眼中。这些人肆意贬低别人：抬高自己，以为老子天下第一，说到底，如果不是道德品质问题，那就是没有自知之明，用老子的语言概括就是：病得不轻！

第八十一章

[原文]

信言不美，美言不信。

善者不辩，辩者不善。

知者不博，博者不知。

圣人不积，既以为人己愈有，既以与人己愈多。

天之道，利而不害。圣人之道，为而不争。

[解释]

“信言不美，美言不信。”真实可信的话不漂亮，漂亮的话不真实。

“善者不辩，辩者不善。”善良的人不巧言利辩，巧言利辩的人不善良。

“知者不博，博者不知。”真正对某一领域有知识的人不是博学的人，博学的人却不是真正有知识的人。上一章讲了知识大爆炸的今天，知识以几何级数增长，任何人都不可能学到所有的知识，因而所谓的博学都有一定的限度。但是，如果你学的东西多了，就必定不可能“专”。而只有在某一方面有专长的人，才能真正说在这一领域他是真正有知识的。

“信言不美，美言不信。善者不辩，辩者不善。知者不博，博者不知。”这是自古以来考察人们是否信、善、知的标准。有一说一，有二说二，这样的话听起来并不动听，但这是真实的，而华丽的言辞，说话的人眉飞色舞，让我们听的这些人甚至迷迷糊糊起来，这样的话虽然好听，但真实度就值得怀疑了。善良的人根据事实本身说话，因而语气平和；而不善良的人说话时巧舌如簧，能把死人说活了，能把没有的事说得和真的一样，这样的人就绝对不是善良之辈。真正有知识的人并不是博古通今的人，知道的东西越多，他懂得知识的深度就越浅；而懂得的东西并不多，甚至于许多问题说起来他根本不知道，则这个人很可能在某一方面知道得深入。陈景润在许多人的眼中就是一个怪人，怪得和正常人无法相比，但就是这样一个怪人，解决了世界一大数学难题。

“圣人不积，既以为人己愈有，既以与人己愈多。”圣人是不存占有之心的，更不会积累钱财，而是尽力照顾别人，他自己也更为充足；他尽力给予别人，自己反而更丰富。懂得帮助别人的人会得到别人的帮助，懂得给予别人的人会得到更多的财富。那些时时处处只为自己着想，只想占小便宜的人，永远不会得到别人的帮助，也不会有更大的发展。一个人是如此，一个国家何尝不是如此呢？美国提出美国优先的战略，其自私本性不言自明。越是自私，越是得不偿失。

“天之道，利而不害。圣人之道，为而不争。”自然的规律是让万事万物都得到好处，而不伤害它们。圣人的行为准则是，做成了事情而不跟别人争夺功劳。许多事情该是你的，总会是你的。此时此次你不争，也许你得不到，但是你的不争会获得人们的理解、同情、认可，在另一个时间点同样的机会放在你的眼前，无需你争，无需你抢。如果此时此地你争了，也许你争的东西得到了，但是由此也让人们认识了你，觉得你心眼小，格局不大，难以委以重任。因此在以后的各种机会中，即使你争了，也未必会得到。有舍必有得，无舍难有得。

第九部分 治国理政

老子关于治国的思想，是极为丰富的。

老子以道论为基础，以无为思想为核心，揭示了治国理政的基本原则。

老子把统治者分为四类：最好的一类是圣人级的，他没有分别心，顺应自然实行无为而治，这样的统治者百姓感觉不到他的存在，反而认为自己本该就是这样的；次一级的统治者百姓感觉到他的存在，因为谁亲近他、赞誉他，他就会在政策上利益上给予关照；第三等级的是百姓怕他，因为他时时处处找你的问题并惩罚你，因此百姓都躲着他；最坏的一类是百姓辱骂他。

老子对后两类统治者之成因进行了分析，认为统治者不能行道守道是关键。统治者不守道，轻浮气躁，胡乱作为，甚至不管百姓的死活横征暴敛……老子痛批不理国政的君主就是强盗！这些思想是极深刻的。

当然，老子的小国寡民的思想是消极的、不可取的。

第三十五章

[原文]

执大象，天下往。往而无害，安平泰。乐与饵，过客止。

道之出口，淡乎其无味，视之不足见，听之不足闻，用之不足既。

[解释]

“执大象，天下往。往而无害，安平泰。乐与饵，过客止。”“执”好理解，就是拿着，把持；“大”应该说是“道”。因为在二十五章老子说，“强字之曰：道，强为之名曰：大”。“象”是表象。把握了道的表象。那么道的表象是什么？一是反，二是柔，三是无。谁掌握了那伟大的“道”，天下的人们都来投靠他，向往、投靠他而不互相妨害，都不争斗，因而大家的生活都安定、平静、富裕，人们都相处得很和谐融洽，尽情享受美好的生活。由于社会安定，生活美好，人们生活在快乐富足的环境中，使过路的人都羡慕这样的生活，为之停留。这样，国家的人口就会越来越多，国家也就越来越强盛。

“道之出口，淡乎其无味，视之不足见，听之不足闻，用之不足既。”用言语来表述大道，是平淡而无味儿的，看它，看也看不见，听它，听也听不着，而它的作用，却是无穷无尽的，无限制的。

这一章老子讲了“道”的作用。老子认为，君主如果能够按“道”的要求行事，就能够实现国家的长治久安。国家社会治安良好，百姓幸福安康，就会让那些路过的过客都停下来不想走，这样国家就会越来越强大，其他国家会自觉不自觉地与我们交好，良好的国与国之间的关系会促进社会更好更快地发展，从而推动人类社会的共同进步。

第四十八章

[原文]

为学日益，为道日损，损之又损，以至于无为。

无为而无不为，取天下常以无事；及其有事，不足以取天下。

[解释]

“为学日益，为道日损，损之又损，以至于无为。”求学的人，知识一天比一天增加；求道的人，要一天比一天减少。减少什么？减少外界对自己的干扰，减少学到的外界的知识，减少自己的贪欲之心……减少又减少，到最后达到“无为”的境地。关于这一点，老子在第二章做过交代，人不能有分别心，有了分别心，就不会处无为之事，在此，老子再一次强调，外在的知识学的多了，就会增强分别心、选择意，就不会无为，只有把外界的东西一而再再而三的减少，直到心中不受外界干扰时，才能真正做到无为。

“无为而无不为，取天下常以无事；及其有事，不足以取天下。”如果能够做到无为，即不妄为，任何事情都可以有所作为。治理国家的人，要经常以不骚扰人民为治国之本，如果经常以繁苛之政扰害民众，那就不配治理国家了。

“为学”，是求外在的经验知识，经验知识愈积累愈多，分别心会愈重。老子轻视外在的经验知识，认为这种知识掌握得越多，私欲妄见也就层出不穷。而“为道”则要减少一切外来的影响，让心灵保持平静。因为，为道求的是清静、无欲、无为，是透过直观体悟来把握事物发展规律，通过内索心灵的虚静，以不断地去除私欲妄见，使人日渐返璞归真，最终可以达到“无为”的境地。在这里我们应该强调的是，“为道日损”的思想与“绝学无忧”的思想是一致的，是前后呼应的。以往人们在解释这一思想时均不敢正面解释，说老子对学习文化知识不持反对态度。既然不持反对态度，那他为什么还要说“绝学无忧”呢？其实，老子在本章已经给出了答案：你若为学，则要勤奋，要日日积累；但是，你要为道，则不仅不需要学习，而且要把已经学到的许多无用的东西统统忘掉。要保持心灵的宁静，就要减少外来的干扰，只有我们的内心真正静下来的时候，我们才能真正体悟到道的存在，也才能真正做到无为而无不为了。

第四十五章

[原文]

大成若缺，其用不弊。大盈若冲，其用不穷。

大直若屈，大巧若拙，大辩若讷。

静胜躁，寒胜热。清静为天下正。

[解释]

此章中涉及五个“大”，前两个“大”特指“道”，后三个“大”则特指人的特性。如果我们把这五个“大”放在同一层次上翻译，则会出现前后矛盾的情况。这也是有些译家对此有争议，但又提不出合理解释的症结所在了。

“大成若缺，其用不弊 。大盈若冲，其用不穷。”“大成”“大盈”都是指“道”。意思是：道并不完美，但道的作用无穷无尽，你却无法对它进行挑剔。道好像空虚无物，但它的作用却是用不完的。老子在第一章讲“无”便是“道”，在第十一章讲“有之以为利，无之以为用”。在这里，老子更进一步指出，道发挥的作用极完美的且用不完。这两个方面应该引起我们的重视。

“大直若屈，大巧若拙，大辩若讷。”最正直的人物，你看不出他的直率，反而看上去很灵活，能够左右逢源；最灵巧的人，好像很笨拙，但我们不能被他的表面现象所迷惑；最卓越的辩才，好似不善言辞一样，别人滔滔不绝，他虽话不多，但其一出口却能言中要害。

“静胜躁，寒胜热。清静为天下正。”清静克服躁动，寒冷克服暑热。清静无为才是治理天下的正道。

“大成”“大盈”是相对于“道”说的。老子在此告诫统治者要真正认识“道”，严格遵守道的要求，按道的要求行事；再具体些说，就是要坚守清静之道，行无为之事，真正做到无为而无不为。

“反者道之动”。过于“大”的东西本身已经接近“极”点，已经临界于物极必反的“极”点。同时，对于这些“大”的事情，我们人类的认知上也存在这样的局限。由于过于大，我们往往看不到其真面目，有时看到的却是其反面。因此，与其被这些表面现象迷惑，倒不如无为的好。你大便大，你小便小，你强便强，你弱便弱，我为什么要对你存分别心？清静无为是当权者的正道！

第三章

[原文]

不尚贤，使民不争；不贵难得之货，使民不为盗；不见可欲，使民心不乱。

是以圣人之治，虚其心，实其腹，弱其志，强其骨，常使民无知、无欲。

使夫智者不敢为也。为无为则无不治。

[解释]

“不尚贤，使民不争；不贵难得之货，使民不为盗；不见可欲，使民心不乱。”不推崇有才德的人，使老百姓不互相争名夺利；不珍爱难得的财物，使老百姓不为难得之物动心，从而不起贪念，不起偷窃之心；不显耀足以引起贪心的事物，使民心不被迷乱。最易使人心乱的东西有二，一是名，二是利。因此在涉及名与利时，老子主张圣人不贪图名利，尽力让人们也不被名利所动，保持一个平静的心理。但是，老子在二千多年前提出这样的高论，却没有几个人实践。多少年来，人们一直在争名夺利，“天下熙熙皆为名来，天下攘攘皆为利往”……看来真正理解老子的圣人并不多见啊！

“是以圣人之治，虚其心，实其腹，弱其志，强其骨，常使民无知、无欲。”因此，圣人的治理原则是：排空百姓的心机，填饱百姓的肚腹，减弱百姓的竞争意图，增强百姓的筋骨体魄，永远让老百姓没有巧诈的知识，没有贪得无厌的欲望。

“使夫智者不敢为也。为无为则无不治。”让百姓知道哪些事情能做，哪些事情不能做；不能做的事情不做就可以了。那么，天下就没有治理不了的了。

在老子生活的春秋末期，天下大乱，国与国之间互相征战、兼并，大国欲称霸，小国难自保，统治者们为维持自己的统治，纷纷招揽贤才，用以治国安邦。在当时的社会生活中，处处崇尚贤才，许多学派和学者都提出“尚贤”的主张，这原本是为国家之本着想。然而，在尚贤的旗号下，一些富有野心的人，竞相争权夺位，抢占钱财，给民间也带来恶劣影响。

针对社会上被人们所推崇的“尚贤”这一主张，老子在此提出不“尚贤”的观点，同时也批评了由“尚贤”而引起的追求物质利益的欲望。老子不讲人性善，也不讲人性恶，而是说人性本来是纯洁朴素的，犹如一张白纸。因而我们不应该有“分别心”，不要把社会中的事物分得那么细，只要你有分别心，你就不会得到心里的安宁。从大的方面来看，如果社会出现尚贤的风气，肯定会挑动起人们的占有欲、追逐欲，从而导致天下大乱。倘若不使人们看到可以贪图的东西，那么人们就可以保持“无知无欲”的纯洁本性。

要尽可能地“实其腹”“强其骨”，使老百姓的生活得到温饱，身体健壮可以自保自养；此外要“虚其心”“弱其志”，使百姓们没有盗取利禄之心，没有争强好胜之志，这样做，就顺应了自然规律，就做到了无为而治。这一章从社会的角度，让人人都回归纯洁的、无知无欲的自然本性。这样以自然规律治理人事，天下自然可以得到治理了。

老子认为人的本性是善良的，纯朴的，有如婴儿一样。而种种人类丑恶行为，则应当是不合理不完善的社会制度造成人性扭曲的不正常现象。因此，老子认为应该保留人性真善美的一面，纯朴的一面，而这正是符合自然之道的东西。要摒弃所有引起人贪欲的东西，尤其是当时流行的推崇贤能的风尚，更被他认为是最易产生罪恶的渊薮。他的政治思想，在今天看来，似乎是难以理解。他理想社会中的人民，四肢发达，头脑简单，没有奢侈的物质享受欲望，也没有被各种令人头晕目眩的文化或知识困扰的烦恼。他是一个历史的循环论者。在他的眼里，让人们在一种自由宽松的社会环境中保持人类纯朴天真的精神生活，与自然之道相契合，比物质文明虽然发达，但充满着危机、争斗、谋杀和阴谋的社会制度显然更符合于人类的本性。

老子认为，上行下效，一个社会如何治理，关键在于统治者。如果统治者重视某一事物，必然会引起人们模仿，甚至于造假。如果统治者能够清静无为，则百姓就会自自得其乐。

第十九章

[原文]

绝圣弃智，民利百倍；

绝仁弃义，民复孝慈；

绝巧弃利，盗贼无有。

此三者以为文不足，故令有所属；见素抱朴，少私寡欲，绝学无忧。

[解释]

“绝圣弃智，民利百倍”：抛弃聪明智巧，人民可以得到百倍的好处。老子认为，如果统治者提倡圣智，百姓就会模仿圣智，追求圣智，而圣智之说是祸乱之源头。而弃绝圣智，百姓就不会被那些虚无的圣智之说干扰，保持纯朴的本性，做自己原本该做的事情。这样，对百姓而言是其利百倍的。

“绝仁弃义，民复孝慈”：抛弃仁义，人民可以恢复孝慈的天性；如果统治者提倡仁义，社会就会崇尚仁义，百姓会装着做出一副仁义的样子以标榜自己的仁义。老子认为，“下德不失德是以无德”，有心做出的仁义不会是真正的仁义。而且，仁义是祸乱的开始。而百姓在出于自我本能情况做出的孝慈才是真正的孝慈。或者说，真正的孝不是别人教出来的，更不是做出来给别人看的。

“绝巧弃利，盗贼无有”：抛弃精巧的器物和引起争端的异常利益，盗贼也就没有了。

三弃三绝都是有为之法，有为之法很多，很难一一例举，因而老子接着说：

“此三者以为文不足，故令有所属；见素抱朴，少私寡欲；绝学无忧”：圣智、仁义、巧利这三者全是巧饰，根除此三者作为治理社会的法则是不够的，所以要使人们的思想认识有所归属，保持纯洁朴实的本性，减少私欲杂念。无为之法才是治理国家的真正正法。

对于“绝学无忧”一句，在学术界有三种不同的理解。一种认为，“绝学无忧”指弃绝学习就没有忧虑了。这种解释认为老子要毁灭一切文化，当然也就不要学习了。这种意见认为，老子是愚民政策的创始人，是倡导愚民思想和政策的鼓吹者。另一种意见认为，“绝学”，指抛弃那些讲圣智、仁义、巧利的学问，将其置于身外，免去权欲的诱惑，做到无忧无患。还有一种意见认为，老子所说的“绝”，其实就是绝招的“绝”，是指至深、独到的学问，老子认为只有取得不同于世俗的独到学问，才能获得对私欲无所冲动的自由。这种意见认为老子正是这样的具有绝学独到的人，表明了他的学习态度。

我的看法是：人类的知识有两种，一种是道的知识，一种是术的知识。“形而上者谓之道，形而下者谓之器”，涉及道的知识是道，涉及器的知识是术。术的知识我们能够通过学习掌握，且“为学日益”；而道的知识我们可以学，但是不能真正学到，或者说学是学了，但掌握不了，应用不上；因为道的知识我们只有通过“悟”，只有“悟”到了，才能真正掌握。比方太极拳，前人把理论问题已经说得很清楚了，可是我们初学者在看这些理论时一头雾水，似懂非懂；经过若干年的习练后，返回来再看这些理论，才觉得讲得是那么清楚。

悟是一个渐进的过程，今天悟一点，明天悟一点，不存在今天突然一下茅塞顿开、顿悟成佛的事。许多企业搞员工培训，培训“忠诚胜于能力”“责任胜于能力”等内容，以求提高员工的忠诚度和责任心。可是，这些内容属于“道”的性质，培训后起不到多少作用。可是，我们的企业管理者不懂这些，白白花了大量经费，没起到任何作用。

术的知识是外在的，道的知识是内在的。

老子在《道德经》中有几次提到绝学的问题，每次所指意思都是相同的，都是不要学习那些外在的让人引起贪欲的东西，要保持自己内在的纯真的本性。而这种纯真的本性确是我们生存的根基。我们后来人对外在的东西过于重视，学得也很多，以至于把自身应有的一些本真的东西也丢失尽了。这是我们人类的悲哀。2004 年 12 月 24 日印度尼西亚发生海啸，这场突如其来的灾难给印尼、斯里兰卡、泰国、印度，马尔代夫等国造成巨大的人员伤亡和财产损失。到 2005 年 1 月 10 日为止的统计数据显示，印度洋大地震和海啸已经造成 15.6 万人死亡，这可能是世界近 200 多年来死伤最惨重的海啸灾难。在海啸到来前，泰国赶象人邓·萨郎甘和妻子率领一支由 8 头象组成的队伍向海边进发，象背上坐着十几名外国游客。突然，大象开始呜咽。平静下来约一小时后它们又“哭”了起来，这一回再也不能平静。很快大象载着惊恐的游客向背离海滩、覆盖着灌木丛的山上狂奔而去。海边其他不工作的大象，也纷纷挣脱沉重的锁链向高处跑去。然后，人们看见巨浪袭来，开始跟着大象狂奔。其实在地震海啸等自然灾害到来之际，有许多动物能够凭借自身的第六感官感觉到危险的存在并及时逃离。人类与其他动物应该是一样的，也应该有这样的能力，只不过我们的这些能力被我们自己给抵消了。我们学习了大量的知识，这些知识的积累让我们先天的感知能力逐渐降低，以至我们现在在灾难来临之际几乎没有任何预知能力。有“童话大王”之称的郑渊洁小学肄业，但他选择了童话，他认为：“很简单，上学少的人想象力丰富。要知道，获得知识的过程是一个扼杀想象力的过程。而童话，最需要的莫过于想象力。”其实，我们有许多知识是“悟”出来的。通过“悟”出来的知识才真正是你自己的知识。你学习的知识如果没有经过“悟”的环节，这些知识永远是别人的，不是你自己的；即使你背得滚瓜烂熟，过一段时间也会忘得一干二净；只有经过自己悟出的真理才会永远不忘。老子提“绝学无忧”的目的，就是为了让人们能保持纯真、朴实的本性，保持这种本性对于我们悟道、守道、行道至关重要，我们学习外界的东西学的多了，会把自身本真的一些东西丢掉，因此我们应该少学那些外在的知识。因此老子的立足点是人民，出发点是为了让广大百姓能保持“道”的本性，让人民能无欲无求、守柔处弱、知足知止，从而保持一种快乐的生活状态。正是基于这样的认识，我们认为，老子所代表的是绝大多数人的利益，因此老子所言其出发点、立足点以及归宿都是绝大多数人。如果说老子的《道德经》有阶级性的话，那也是绝大多数百姓的利益。

“绝学无忧”就是弃绝外界“术”的知识的干扰，从而没有外在的忧患。

第五十七章

[**原文**]

以正治国，以奇用兵，以无事取天下。

吾何以知其然哉？以此：天下多忌讳，而民弥贫；人多利器，国家滋昏；人多伎巧，奇物滋起；法令滋彰，盗贼多有。

故圣人云：“我无为，而民自化；我好静，而民自正；我无事，而民自富；我无欲，而民自朴。”

[**解释**]

“以正治国，以奇用兵，以无事取天下。”以无为、清静之道去治理国家，以奇巧、诡秘的办法去用兵，以不给天下百姓增加事情和负担来获取天下人心。

“吾何以知其然哉？以此：天下多忌讳，而民弥贫；人多利器，国家滋昏；人多伎巧，奇物滋起；法令滋彰，盗贼多有。”

我怎么知道是这种情形呢？根据就在于此：天下的禁忌越多，而老百姓就越陷于贫穷；有句俗语和老子的这一思想极为相似：“人穷礼多”，人越穷讲究越多；讲究越多，人便越穷。

人民的锐利武器越多，国家就越陷于混乱。美国是不禁枪的，符合条件者都可拥有枪械。美国每年因枪受伤者多达几百万。

人们的技巧越多，各种新奇怪物就会产生，新奇之物会引起人们的贪欲之心，从而不利于管理；法令越是森严，违法的人也会越来越多。所以治理国家不能用投机取巧的方法，必须脚踏实地一步一个脚印地来。

“故圣人云：‘我无为，而民自化；我好静，而民自正；我无事，而民自富；我无欲，而民自朴。’”所以有道的圣人说，我无为，人民就自我化育；我好静，人民就自然富足；我无欲，而人民就自然淳朴。

老子在此再一次告诫统治者，治国没有捷径可走，必须踏踏实实走清静无为的“正”道，这是国家治理的唯一选择。治国与用兵完全不同，用兵要出奇制胜，而治国只能一步一个脚印，不能跑，不能跳，更不能瞎折腾；要顺其自然、循序渐进——说到底，要无为而治。

第二十九章

[原文]

将欲取天下而为之，吾见其不得已。天下神器，不可为也，不可执也。为者败之，执者失之。

是以圣人无为，故无败，无执，故无失。

夫物或行或随；或嘘或吹；或强或羸；或载或隳。是以圣人去甚、去奢、去泰。

[解释]

“将欲取天下而为之，吾见其不得已。天下神器，不可为也，不可执也。为者败之，执者失之。”想要夺取天下而采取一些极端的方法，我看他达不到这个目的。天下是神圣的，不能够违背人民大众的意愿和本性，否则用强力统治天下，就一定会失败；强力把持天下，就一定会失去天下。

“是以圣人无为，故无败，无执，故无失。”因此，圣人不妄为，所以不会失败；不执着把持外在的名利，一切顺应形势而为，所以不会有任何失落。

“夫物或行或随；或嘘或吹；或强或羸；或载或隳。是以圣人去甚、去奢、去泰。”羸（léi），瘦弱之意；隳（huī），毁坏之意。世人秉性不一，有的前行有的后随，有的轻嘘有的急吹，有的刚强，有的羸弱；有的安居，有的危殆。对于这些秉性不同的人，圣人是不加以区别对待的，都要一视同仁，因此圣人要除去那种极端、奢侈的（重复的）、过度的措施。去除分别心是无为的前提，“圣人不仁，以百姓为刍狗”，圣人没有分别心也不会对百姓采取任何过度的行为。

企业管理也是如此。企业老板面对的是整个企业，处理与企业有关的所有问题。但是并不是所有问题都要由领导一人来处理，或者由他布置来处理。有许多事情或问题其实是不需要花费精力去解决的，我们也不需要对出现的每一个问题下一个相应的文件。我们应该做的，就是把涉及企业正常运行的一些事情做相应的规定，并用文件形式固定下来，而对一些突发事件，我们只能就事论事，而不要针对这件事情采取一些极端的手段。可是有的企业则不然，经常会对一些不具有普遍性的事情专门出台一个制度，以说明企业对此事的关注。但是，这样做其实就是老子讲的应该去除的东西。

第十三章

[原文]

宠辱若惊，贵大患若身。

何谓宠辱若惊？宠为下，得之若惊，失之若惊，是谓宠辱若惊。

何谓贵大患若身？吾所以有大患者，为吾有身，及吾无身，吾有何患？

故贵以身为天下，若可寄天下；爱以身为天下，若可托天下。

[解释]

“宠辱若惊，贵大患若身。”受到宠爱和受到侮辱都好像受到惊恐，把荣辱得失当作大患，看得与自身生命一样珍贵。

“何谓宠辱若惊？宠为下，得之若惊，失之若惊，是谓宠辱若惊。”什么叫做得宠和受辱都感到惊慌失措？得宠是卑下的，得到宠爱感到格外惊喜，失去宠爱则令人惊慌不安。这就叫作得宠和受辱都感到惊恐。

“何谓贵大患若身？吾所以有大患者，为吾有身，及吾无身，吾有何患？”什么叫作重视大患像重视自身生命一样？我之所以有大患，是因为我有身体；如果我没有身体，我还会有什么祸患呢？可是，世人只知自己有身体，把身体等同于“我”。这却是十分无奈的。现代有好多人得抑郁症，其根源就在于这些人把“我”看得太重了。把自我看得太重，就容易患得患失，不能自拔。如果我们都能把“我”看得轻些，全身心投入到为人民服务的活动中，多做一些善事、好事，多为他人着想，少为自己操心，抑郁症自然会慢慢减轻以至彻底根除。

“故贵以身为天下，若可寄天下；爱以身为天下，若可托天下。”所以，用自己的全部身心为天下服务的人是可贵的，这样的人才可以把天下寄托给他；把自己的身心全部奉献给天下的人，天下就可以依靠他了。老子先说“及吾无身，吾有何患”，接着谈到“以身为天下”，其实含义已经很清楚了：他的意思应该就是针对当时的国君只珍惜自己的身体而不重视天下，提出了不爱自己身体而爱天下的主张。应该说，老子这一主张是极其深刻的。

老子在这里提出了一个非常重大的课题：我们活着，是活我们的肉体？还是活我们的灵魂？他虽然没有直接回答这个问题，但是从他提出这一课题时，我们就可以看出，他对灵魂的重视。“我们之所以有悲喜忧欢是因为我们有肉体，如果没有身体，我们有什么忧患呢？”从他的表述中，我们可以看到，他是偏重于灵魂的生活。但是，天下人有几个能够理解这样的问题呢？而一般人几乎都活个肉体，不知自己还有个灵魂存在。因而他接着奉劝当权者要用自己的全部身心为天下的人服务，这个天下才能有希望。

老子认为，得宠者以得宠为殊荣，为了不致失去殊荣，便在赐宠者面前诚惶诚恐，曲意逢迎。他认为，“宠”和“辱”对于人的尊严之挫伤，并没有两样，受辱固然损伤了自尊，受宠何尝不损害人自身的灵魂呢？得宠者总觉得受宠是一份意外的殊荣，便担心失去，因而灵魂无形地受到损害。如果一个人未经受任何辱与宠，那么他在任何人面前都可以傲然而立，保持自己完整、独立的品格。

一般人对于身体的宠辱得失十分看重，甚至于许多人重视身外的宠辱远远超过自身的生命。人生在世，难免要与功名利禄、荣辱得失打交道。许多人是以荣庞和功利名禄为人生最高理想，目的就是为享荣华富贵、福祐子孙。总之，人活着就是为了寿、名、位、货等身外之物。对于功名利禄，可说是人人都需要。但是，把它摆在什么位置上，人与人的态度就不同了。有一幅漫画，画的是人的身体是 1，而功、名、利、禄、财、货等等都是身后的 0，只有前边的 1 存在，后边的 0 才有实际意义。如果前边的 1 不存在了，后边多少个 0 也只是毫无意义的 0。因此，对于身外之物，身外之名，如何看待，如何把持，就看出一个人的真正修养了。如果你把它摆在比生命还要宝贵的位置之上，那就大错特错了。老子从“贵身”的角度出发，认为生命远贵于名利荣宠，要清静寡欲，对一切名利荣辱之事，皆无动于衷，然后可以受天下之重任，而为万民所托命。这种态度应该予以肯定。

老子在这里先讲得宠与受辱都不是好事，都是因为我们有自我的身体，因此我们不应该把自己看得太重，应该把自己的全部身心全部献给天下，天下人才愿意真正把天下托付给他。

第二十三章

[原文]

希言自然。

故飘风不终朝，骤雨不终日，孰为此者？天地。天地尚不能久，而况于人乎？

故从事于道者同于道；德者同于德；失者同于失。同于道者，道亦乐得之；同于德者，德亦乐得之；同于失者，失亦乐得之。

信不足焉，有不信焉！

[解释]

“希言自然”，“希言”就是少说话，少发布指令，少干涉百姓；“自然”自己的样子，让百姓按自己的生活规律进行生产和生活。在现实生活中，有许多事其实都不需要任何人去管理和解决的，这些事随着时间的推移，有的淡化了，有的消逝了，有的自己解决了，有的不成为问题了。老子强调无为，“希言自然”就是对无为的最好解释。

“故飘风不终朝，骤雨不终日，孰为此者？天地。天地尚不能久，而况于人乎？”狂风刮不了一个早晨，暴雨下不了一整天。谁使它这样的呢？天地。天地的狂暴尚且不能长久，更何况是人呢？老子用自然界狂风暴雨必不持久的事实作比喻，告诫统治者少以强制性的法令横加干涉，更不要施行暴政，而要行“清静无为”之政，才符合于自然规律，才能使百姓安然舒畅。倘若以法令戒律强制人民，用苛捐杂税榨取百姓，那么人民就会采取抗拒的行动对待统治者，暴政将不会持久。

“故从事于道者同于道；德者同于德；失者同于失。同于道者，道亦乐得之；同于德者，德亦乐得之；同于失者，失亦乐得之。”所以，从事于道的就与道相同，从事于德的就与德相同，从事于失的人就与失相同。同于道的人，道也乐于得到他；同于德的人，德也乐于得到他；同于失的人，失也乐于得到他。只要相信道，按照道的要求去做，就自然会得到道。如果你不信道，不信德，无所顾忌，你不仅得不到“道”的帮助，反而会失去很多。

“信不足焉，有不信焉。”你对道的信心不足，道对你的信任度就会不高。

老子在这里说：老天发怒，让狂风暴雨刮不了一整天；如果滥施苛政、虐害百姓，你能长时间持续下去吗？天地掀起的暴风骤雨都不能够长久，你人为的施行暴政，肯定是长不了的。纵观古今中外的历史，哪一个施行暴戾苛政的统治者不是短命而亡呢？中国第一个封建中央集权的王朝秦王朝仅仅存在了一二十年的时间，原因何在？就是由于秦朝施行暴政、苛政，人民群众无法按正常方式生活下去了，被迫揭竿而起。另一个短命而亡的王朝隋朝何尝不是因施行暴政而激起人民的反抗，最后被唐王朝所取代呢？历史是一面镜子，它反映出的是统治者清静无为，不对百姓们发号施令，强制人民缴粮纳税，那么这个社会就比较符合自然，就比较清明纯朴、统治者与老百姓相安无事，统治者的天下就可以长存。

老子在此是在劝谏统治者，用强硬的统治手段是统治不了几年的。如果想让自己的统治时间长一些，就应该守“道”；你信道、守道，道也会护佑你。如果你失去了道，道也会远离你。

第二十六章

[原文]

重为轻根，静为躁君。

是以君子终日行不离辎重，虽有荣观，燕处超然。

奈何万乘之主，而以身轻天下？轻则失根，躁则失君。

[解释]

“重为轻根，静为躁君。”这句话好理解，就是厚重是轻率的根本，清静是躁动的主宰。

“是以君子终日行不离辎重，虽有荣观，燕处超然。”这句话就不太好理解了。有许多人解释为：因此君子终日行走，不离开装载行李的车辆，虽然有美食胜景吸引着他，却能安然处之。这样的解释让人对此难以理解。而理解此句话的核心在于对“辎重”的理解。难道“辎重”就是车载的重物吗？我想这不是老子的本意。因为当时的经济不发达，能有一辆马车是很奢华的事，和现在相比，就相当于我们开了一辆豪华轿车，而当时的君子能有这个待遇吗？事实上，在当时的情况下，战争不断，经济萧条，人们很难具备马车的。所以我们不能按常理来理解“辎重”这个词。我的理解，“辎重”应该为“自重”，自身厚重的品格修养。“荣观”宏大的房屋。整句话应该解释为：君子为人处事始终保持自己的品格修养，虽然有很多身外之物，如豪华的别墅，但都不为这些身外之物动心（燕处超然）。

“奈何万乘之主，而以身轻天下？轻则失根，躁则失君。”可是那些大国的统治者却与君子不同，贪图身外之物，贪图身体的享乐，而轻率地治理天下，为什么会出现这样的情况呢？轻率就会失去国家存在的根基；急躁乱动就会失去君主的地位。国家存在的根基是什么？就是人民百姓。如果你今天一个这样的政令，明天那样一个政令，胡乱施政，搞得百姓无法生存，百姓就不会拥护你；如果干脆不管百姓的死活，那么，你的地位就会朝不保夕。老子在此告诫统治者要尊道而贵德，切不可为了一己私利而盲目施政，急躁是乱政的祸源。

企业管理也是如此。在管理活动中，一定不能急躁，有问题时千万自己要稳住自己的阵脚，千万不能乱了阵脚。对待问题要“热接冷处理”，处理问题不能求快，有时还得耐得住寂寞，有许多问题经过一段时间它自己就会变得有利于自己；如果过一段时间后，事情朝自己愿望相反的方向发展，此时才应出手。有许多管理措施、管理方案都不应过于着急出台。我们有的企业、有的管理者十分热衷于改革，发现问题马上动手进行改革。有个国企经改革后成为民营企业，身份变后，领导发现原有的工资制度不适合现有的体制了，马上改。根据领导的意思，手下几个人动手搞了个新的工资方案，在公司高层中传阅了一下便下发执行。结果执行了不到一年，原有的问题没有解决，反而生出了新的问题：一样样的人，一样样的工作，工资却分成三六九等，导致员工相互攀比，相互推诿，工作效率下降很多。这样不行呀！得改！继续改：方案很快出台，公司高层开会讨论通过，紧接着下发、执行……不到一年的时间，发现这个方案还不行。怎么办？改！不到十年时间改了七八次，而最后的结果与领导的想象还有很大的距离。企业管理中最主要的工作是人的工作，而保证员工工作主动性、积极性的诸多因素中，最重要的是薪酬方案，而薪酬方案的稳定对于员工队伍的稳定是有十分重要的作用的，是不能年年改，月月变的。改多了，变多了，连老员工也不知道领导要做什么了，让许多人都摸不着头脑了……员工的积极性和主动性如何谈起？

第三十二章

[原文]

道常无名。朴虽小，天下莫能臣。

候王若能守之，万物将自宾。

天地相合，以降甘露，民莫之令而自均。

始制有名，名亦既有，夫亦将知止，知止可以不殆。

譬道之在天下，犹川谷之于江海。

[解释]

“道常无名。朴虽小，天下莫能臣。”“道”在此之前一直是无名的，就如同无名的小草一样（“朴”在这里指无名小草），它虽然很小不可见，天下没有谁能使它服从自己。

“候王若能守之，万物将自宾。”侯王如果能够坚守“道”，依照“道”的原则治理天下，百姓们将会自然地归顺于它。

“天地相合，以降甘露，民莫之令而自均。”天地间阴阳之气相合，就会降下甘露，人们没有给它下令，但老天会把甘露均匀地洒向大地。“民莫之令而自均”此言实际上是在讲述无为的。老子在此没有讲人君应该怎么样做，只是说露水降下来时会惠及一草一木，不会说你是大树就多占一些，它是小草就少占一些。这句话隐含的意思为：圣人不会有分别心，因而圣人治理天下，会让百姓得到应得的部分。有的学者认为此句与上句接不上，讲的不是同一个问题。其实这是不理解老子的原因。老子写《道德经》秉持的哲学基础就是天人合一，因而老子论述时有时只讲天地之事而不谈及人事，但天地之理包含人事之理。

"始制有名，名亦既有，夫亦将知止，知止可以不殆。"治理天下就要建立一种管理体制，制定各种制度确定各种名分，任命各级官员承担各项事务。国家的管理制度既然有了，就要适可而止，不能胡乱改变；知道制约、适可而止，国家就没有什么危险了。老子的这一思想是极其深刻的，国家的法律和管理规范是不能随便改动的，因此确定一项法律和管理制度首先要明确管理的职责，首先要经过充分的论证，一旦确定之后就不要随意改动。

"譬道之在天下，犹川谷之于江海。""道"存在于天下，就像江海，一切河川溪水都归流于它，使万物自然宾服。老子用"朴"来形容"道"的原始"无名"的状态，这种原始质朴的"道"，向下落实使万物兴作，于是各种名称就产生了。立制度、定名分、设官职，不可过分，要适可而止，这样就不会纷扰多事。

本章表达了老子"无为"的政治思想，认为侯王若能依照"道"的法则治天下，顺应自然，那样，百姓们将会自动地服从于他。

老子在这里也提到管理学的一个很重要的原则：管理制度定下后要保持管理制度的稳定。有的企业总认为管理就是出台相应的制度，认为有了制度管理就不会出问题了。结果是只要有事情，就要出台相应的文件，企业资金运作紧张了，要求销售抓紧应收账款的回收，要求出差人员及时报账，要求各级领导要节约……且每个要求都有一份相应的文件，都有对应的要求，等事情过后，这些要求也就不再提了。这就给人一种印象：制度是暂时的——完全丧失了制度的严肃性和权威性。保持制度的稳定涉及以下几方面：一是制度体系必须健全，没有健全的制度体系，企业管理就无从谈起。二是不能随便出台制度，制度体系建立健全后，遇到一些事情一定要从现有的管理制度的相关条款中去寻找相应的规定，而不能为了强调此事的重要，随机再出一个制度。三是严格按制度规定办，在企业中存在很大的人情问题，明明是违反制度了，可碍于情面也装作没看到，特别是企业的领导几乎游离于制度之外。有法不依，违法不究的情况很严重。凡是这种现象严重的企业，制度出的也越是随意。企业管理，要根据企业自身的条件，适可而止地出台相应的制度，制度的繁简也要根据企业的实际，有的企业管理一直不是很规范，请了个咨询公司，开始出台相应的管理制度，制度规定非常细，第一步做什么，怎么做，第二步做什么怎么做，规定得十分详细。可咨询公司完成咨询任务后的一年，企业又原退回咨询前的水平。因为这个企业还没有发展到那样的程度，还没有那么细的业务。

第三十九章

[**原文**]

昔之得一者。天得一以清；地得一以宁；神得一以灵；谷得一以盈，万物得一以生；侯王得一以为天下正。

其致之也，谓天无以清，将恐裂；地无以宁，将恐废；神无以灵，将恐歇；谷无以盈，将恐竭；万物无以生，将恐灭；侯王无以正，将恐蹶。

故贵以贱为本，高以下为基。

是以侯王自称孤、寡、不谷。此非以贱为本邪？非乎？故至誉无誉。是故不欲琭琭如玉，珞珞如石。

[**解释**]

“昔之得一者，天得一以清；地得一以宁；神得一以灵；谷得一以盈，万物得一以生；侯王得一以为天下正。”“一”，在此含义为道。往昔曾得到过道的：天得到道而清明；地得到道而宁静；神（人）得到道而显得灵验；河谷得到道而充盈；万物得到道而生长；侯王得到道而成为天下的首领。

“其致之也，谓天无以清，将恐裂；地无以宁，将恐废；神无以灵，将恐歇；谷无以盈，将恐竭；万物无以生，将恐灭；侯王无以正，将恐蹶。”推而言之，天不得清明，恐怕要崩裂；地不得安宁，恐怕要震溃；神不能保持灵性，恐怕要灭绝；河谷不能保持流水，恐怕要干涸；万物不能保持生长，恐怕要灭绝；侯王不能保持天下首领的地位，政权恐怕就要倾覆。

“故贵以贱为本，高以下为基”。所以贵以贱为根本，高以下为基础。此句是本章的中心。高、贵是以下、贱为基础的，没有下、贱就没有高、贵。因此，高、贵者应该重视下、贱者，更不能看不起下、贱者，欺凌下、贱者。老子在此告诫统治者：要爱惜老百姓，老百姓虽“贱”，但他们是统治者的“本”，“本”不固则“楼”不稳；要给老百姓必需的生活条件，让老百姓能够生活下去，否则“基”不实则“楼”将倾。

“是以侯王自称孤、寡、不谷。此非以贱为本邪？非乎？故至誉无誉。是故不欲琭琭如玉，珞珞如石。”因此侯王们自称为“孤”“寡”“不谷”，这不就是以贱为根本吗？不是吗？所以最高的荣誉无须赞美和称誉。所以圣人不要求自己琭琭晶莹像宝玉，而宁愿珞珞坚硬像山石。此句是老子告诫那些当政者不要在一些名利上纠缠，要认识到贵以贱为本，并学会以贱为本。切不可高高在上，自以为是。

老子认为“道”是万物之源，万物之本。因此，统治者应该识“道”、行“道”、守“道”。而“反者道之动”，贵以贱为本，高以下为基。侯王应该认识到“贱”“下”是自己的根基。

第五十九章

[原文]

治人事天，莫若啬。

夫唯啬，是谓早服；早服谓之重积德；重积德则无不克；无不克则莫知其极，莫知其极，可以有国；有国之母，可以长久。

是谓深根固柢，长生久视之道。

[解释]

此章讲了治国安邦的根本原则：

“治人事天，莫若啬。”“治人”就是治理众人；“事天”事同侍，侍奉老天。老子生活的那个年代，君主的职责主要是管理天下及侍奉天地。老子用“治人事天”四个字来概括。啬是什么？是吝啬，说的中听一些是节俭。治理百姓的行为要节俭，侍奉老天的用品要节俭。这话现在怎么理解？应该从两方面来理解，在治理国家方面行为节俭，其实质就是管理要简单，要简捷，只有实现了简捷，才能提高效率，才能不胡作非为。第二就是侍奉老天的用度要节省，也就是说祭祀天地时不要浪费。

“夫唯啬，是谓早服；早服谓之重积德；重积德则无不克；无不克则莫知其极，莫知其极，可以有国；有国之母，可以长久。”“早服”帛书本为“蚤服”。赵又春老师把这两个字译做“配合默契和亲密无间”。这样的解读应该更符合老子的本章。只有坚持“啬”，才能节省国家的财力，减少百姓的支出，从而使国君和百姓关系融洽；君臣一心且百姓服从统治者的管理，这就叫作重视积德（实为俭以养德）；重视做积德之事，就会得到百姓的认可和支持，无论做什么都会顺风顺水；能够得到百姓的认可和支持，就会一顺百顺……俭啬的益处实在太多了，谁能把俭啬做到极限呢？虽然达不到这样的极限，但只要你一直秉持这一原则，你就不会失去你的政权，因为你得到了百姓的人心，就是巩固了政权的根基，这样政权就可以长久保持下去。

“是谓深根固柢，长生久视之道。”这样政权的根就会扎得很深，基础也就非常坚固，这样政权就可以长久延续下去。

节俭是克服欲望的有效途径，是实现无为心理准备的物质前提。节俭才能无欲，无欲才能无为。

第六十章

[原文]

治大国，若烹小鲜。

以道莅天下，其鬼不神。

非其鬼不神，其神不伤人。非其神不伤人，圣人亦不伤人。

夫两不相伤，故德交归焉。

[解释]

“治大国，若烹小鲜。”治理大国，好像煎烹小鱼。不能总是翻腾，翻腾多了，小鱼就没有鱼的样子了，吃也没法吃了。同样，一个国家若老是折腾，老是后者否定前者，则国乱而民困。所谓西方的民主不就是这样吗？这一届否定上一届，下一届又否定这一届，政策没有连续性，搞得百姓无所适从。

“以道莅天下，其鬼不神。”“莅”，临的意思。莅是从上面监视下面，可引申为治理、统治。“其”是代词，指统治者。“鬼”指逝者的灵魂，这里指统治者的先辈。“神”，显神通。“不神”，不灵验。用道来治理天下，就不用烧香、磕头，求先辈的保佑了，你就是求先辈保佑，他们也帮不上忙。在老子所处的年代，祖先信仰仍没有退出历史舞台，一些诸侯王公仍把先辈贡奉起来，烧香、磕头求先辈的保佑，这一点不仅在老子那个年代有，即使是清王朝，也常用这一方法。

“非其鬼不神，其神不伤人。非其神不伤人，圣人亦不伤人。”也不是统治者的先人起不了作用，而是人们信奉的神也不“伤人”。“伤”是“无伤大雅”之伤，是妨碍之意。古时，人们信奉一些神灵，时常要给这些神灵供奉些东西，以求神灵的保佑。而给神灵供奉的这些东西，却对百姓生活造成很大影响，甚至是损害。也不是这些鬼魂不显神灵了，“圣人亦不伤人”，这里的圣人和老子在其他地方讲的圣人不同，这里的圣人是老子给统治者戴的高帽子，意思是你们这些统治者如果不给百姓添乱，不妨碍百姓的生产生活，实行无为而治的政策，你们也是圣人。

“夫两不相伤，故德交归焉。”“德交归焉”，“德交”指鬼神不妨碍百姓生产生活之德与统治者不妨碍百姓之德。归，指回归到百姓。此句的意思是：这样，鬼神和统治者都不妨碍百姓的生活，所以，就可以让人民享受到德的恩泽。

“治大国，若烹小鲜。”这句话流传极广，深刻影响了中国几千年。美国总统小布什也曾引用这一名言。“烹小鲜”就是煎烹小鱼。这是用烹鱼比治国。小鱼很鲜嫩，在锅里频频搅动，肉就碎了。国家的统治者治理国家，要像煎小鱼那样，不要常常翻弄。“以道莅天下，其鬼不神”，用无为之法去面对，顺其自然，就不需要再用宗教来辅助政治而谋之于鬼神，于是鬼神无灵了。鬼神不再有任何作为，是为政的人“无为”的结果，符合于“道法自然”的无为的规律。为政的关键，在于清静无为，不侵扰百姓，否则，灾祸就要来临。要保证国家的平安，执政者就必须小心谨慎，认真严肃，不能以主观意志随意左右国家政治，这句话用极其形象、简洁的语言概括了这个极其复杂的治国谋略。如果以个人的主观愿望去改变社会，朝令夕改、朝三暮四、忽左忽右，老百姓就会无所适从，国家就会动乱不安。相反，如果国家制定的政策法令能够得到坚定不移地贯彻执行，就会收到富国强兵之效。如此，则一切外在的力量，都不致发生祸难的作用。

“治大国，若烹小鲜”也是管理学非常重要的原则之一。企业管理也不能朝令夕改，忽左忽右。搞企业，首先我们应该知道我们要达到一个什么目标，这个目标不明确，就会出现混乱。有个企业的总经理总认为企业的薪酬体系不合理，因此要求人力资源部对薪酬体系进行改革。怎么改？人力资源部的人也不清楚，所以就征求领导的意见。按领导的意见改动。改动不到一年，总经理感觉还不对头，原来部门之间协作很好，可改了以后部门之间扯皮现象加重了好多。只能再改，改了不到一年问题又出现了，人们的积极性没有被调动起来，反而惰性更强了。再改！要调动积极性就得动真格的，加大提升幅度，提高管理人员薪资水平。可不到一年，发现原有问题没有解决，而新的问题又来了——管理成本增长过快，对利润影响很大。怎么办呢？总经理自己没有办法，于是请国内知名的一家咨询公司进行薪资策划。策划的结果是中层管理人员的薪资都有不同程度的下降。而这样做的结果可想而知：中层的积极性被挫伤。企业管理就怕这样！企业管理翻腾不得。在出台任何一项管理措施之前，首先我们要确定我们想要达到的目标是什么，其次要确定达到这一目标的措施方法，再次要对我们将要采取的措施进行评估：我们这样做能不能达到我们想要达到的目标？如果能达到，会不会有一些与我们目标相反的问题出现？如何预防？企业管理其实也是牵一发而动全身的系统工程，遇到事情不能操之过急。要用辩证法和系统论的理论来分析和把握事情，既要看到问题有利的一面，也要争取看到问题不利的一面。我们的主要管理者，不可能也不需要有那么丰富的知识，不需要事事全会，但有一点，就是我们的主要管理者应该长一双非常善于倾听的耳朵，能够在众多不同意见中分析和把握正确的信息，从而做出正确的决策。

第六十五章

[原文]

古之善为道者，非以明民，将以愚之。

民之难治，以其智多。

故以智治国，国之贼；不以智治国，国之福。

知此两者，亦稽式。常知稽式，是谓玄德。玄德深矣，远矣，与物反矣，然后乃至大顺。

[解释]

“古之善为道者，非以明民，将以愚之。”古代善于按道的法则治国者，不是教导人民知晓智巧伪诈的方法，而是教导人民淳厚朴实的做人准则。

“民之难治，以其智多。”人们之所以难于统治，乃是因为他们使用了太多的智巧心机。

“故以智治国，国之贼；不以智治国，国之福。”所以用智巧心机治理国家，就必然会危害国家，不用智巧心机治理国家，才是国家的幸福。

“知此两者，亦稽式。常知稽式，是谓玄德。玄德深矣，远矣，与物反矣，然后乃至大顺。”了解这两种治国方式的差别，就会有一个很明确的选择，谁都会选择愚民的方法，而不用“以智治国”的方法。经常了解这个法则，就叫作“玄德”。玄德又深又远，和具体事物的表现正好相反，然后才能极大地顺乎于自然。

在这里老子讲愚民是有一个很重要的前提的，老子讲“愚之”的前提是“虚其心，实其腹，弱其志，强其骨”；这个前提就是让百姓能活下来。因为在那个年代，百姓连最基本的生存条件都无法达到，老子这里在呼吁统治者，如果能给百姓一条生路，你就是有“玄德”之人。后人没有掌握这一愚民思想的前提及其精髓，认为愚民之说的鼻祖是老子。这是一大误会，因为就老子的本意来讲，他绝对不是为迎合统治者的需要而提出一套愚民之术的。相对于愚民来讲，生存是最大的问题。

老子的愚民思想确实成为后来愚民思想的理论基础，也确实成为这一理论的鼻祖。对于这一点，我们应该辩证地看待。

第十七章

[原文]

太上，下知有之；其次，亲而誉之；其次，畏之；其次，侮之。

信不足焉，有不信焉。悠兮，其贵言。

功成事遂，百姓皆谓："我自然。"

[解释]

"太上，下知有之；其次，亲而誉之；其次，畏之；其次，侮之。"最好的统治者，人民只知道有君主的存在；其次的统治者，人民亲近他并且称赞他；再次的统治者，人民畏惧他；更次的统治者，人民轻蔑他。

"信不足焉，有不信焉。"统治者的诚信不足，人民就不会相信他。

"悠兮，其贵言。功成事遂，百姓皆谓：'我自然'。"最好的统治者是多么悠闲，他很少发号施令。事情办成功了，老百姓说："我们本来就是这样的。"

老子在本章只对最好的类型进行了描述。对其他类型的统治者的描述会在后面几章进行论述。

这一章里，老子提出了自己的政治思想主张，他把统治者按不同情况分为四种，其中最好的统治者是人民只知道他的存在，第二种是老百姓亲近并称赞统治者，第三种是老百姓畏惧统治者，最坏的统治者是被人民所轻侮。老子理想中的政治状况是：统治者具有诚信朴实的素质，他悠闲自在，很少发号施令，政府只是服务于人民的工具而已，政治权力丝毫不得凌驾于人民身上，即人民和政府相安无事，各自过着安闲舒适的生活。

老子在全书中第一次描画了他的理想政治蓝图。第一句四个层次的划分，不是从古到今的时代或时间顺序，而是治理好坏的统治状况。在老子的观念上，理想的“圣人”是要“处无为之事，行不言之教”，要一如处“太上”之事，体“玄德”之君，能够“生之畜之”。在《帝王世纪》中，记载了帝尧之世，“天下太和，百姓无事，有五老人击壤于道，观者叹曰：大哉尧之德也！老人曰：‘日出而作，日入而息。凿井而饮，耕田而食。帝力于我何有哉？’”这种生动的画面，可以说是对老子的“百姓皆谓：‘我自然。’”的最好图解。

在本章中，老子把这种理想的政治情境，与儒家主张实行的“德治”、法家主张实行的“法治”相对比，将其等而下之。实行“德治”，老百姓觉得统治者可以亲信，而且称赞他，这已经相当不错了，但还是次于“无为而治”者。实行“法治”的统治者，用严刑峻法来镇压人民，实行残暴扰民政策，这就是统治者诚信不足的表现，人民只是逃避他，畏惧他。老子强烈反对这种“法治”政策，而对于“德治”，老子认为这已经是多事的征兆了。最美好的政治，莫过于统治者“贵言”，从不轻易发号施令，人民和政府相安无事，以至于人民根本只知道统治者是谁。当然，这种统治在当时并不存在，只是老子的“乌托邦”式幻想。

第五十三章

[原文]

使我介然有知，行于大道，唯施是畏。

大道甚夷，而人好径。

朝甚除，田甚芜，仓甚虚，服文采，带利剑，厌饮食，财货有余，是谓盗夸。非道也哉!

[解释]

“使我介然有知，行于大道，唯施是畏。”“介然”古方言，助词。假如我稍微有些认识，在大道上行走，唯一担心的是害怕走错了路。

“大道甚夷，而人好径。”大道非常平坦，但人们却喜欢走捷径，走小路。

“朝甚除，田甚芜，仓甚虚，服文采，带利剑，厌饮食，财货有余，是谓盗夸。非道也哉!”当官的权贵们心思不全用在朝政上，种地的农夫不都把心思用在种地上，导致国库十分空虚，而人君仍穿着锦绣的衣服，佩戴着锋利的宝剑，饱餐精美的饮食，搜刮占有百姓的财货，这就叫作强盗头子。这是多么无道啊!

老子在本章阐述了社会不道走向没落的原因，一是统治者及各级政府部门的官员无所事事，不理朝政；二是百姓也不务正业，不耕田种地；三是国家的财政空虚而统治者不以为然，四是统治者及各级权贵仍旧“服文采，带利剑，厌饮食”。这四种情况如果发生，就表示这个政权已经走向衰落，百姓生活也将无以为继，民不畏威，民不畏死的情况即将出现。老子明确地指出，作为人君，你不好好治国，一心想着搜刮百姓的财物用来享受，你便是活脱脱的强盗！

第七十二章

[原文]

民不畏威，则大威至。

无狎其所居，无厌其所生。

夫唯不厌，是以不厌。

是以圣人自知不自见，自爱不自贵。故去彼取此。

[解释]

“民不畏威，则大威至。”当人民百姓不畏惧有权者的威胁时，那么，更大的威胁就要到来了。

“无狎其所居，无厌其所生。”不要逼迫人民不得安居，不要阻塞人民谋生的道路。

“夫唯不厌，是以不厌。”只有君主和当权者不厌恶人民百姓，人民百姓才不会厌恶统治者。

“是以圣人自知不自见，自爱不自贵。故去彼取此。”因此，有道的圣人不但有自知之明，而且也不自我表现；有自爱之心也不自显高贵。所以要舍弃后者（自见、自贵）而保持前者（自知、自爱）。

老子认为，领导者要有自知之明，反对采取高压政策，反对肆无忌惮地压榨百姓。他认为，老百姓一旦不畏惧统治者的残暴统治，那么可怕的反暴力斗争就要发生了。他希望统治者不要自居高贵，而要自知、自爱，抛弃自见和自贵，这样，他就不会遭到人民的反抗。老子重点反对的是统治者的高压政策和自见、自贵的政治态度。因为人民反抗斗争的前提是只有当统治者对人民实施暴政，压迫和掠夺人民，导致百姓民不聊生的时候才会发生。所以老子警告统治者，对待人民必须宽厚，“无狎其所居，无厌其所生”。如果只是凭借恐怖手段，使人民群众无法生存下去的话，那么老百姓就会起来反抗、暴动，推翻统治者的暴政。然而，老子对当时的统治者们失去了信心，而把希望寄托在理想中的“圣人”身上，只有“圣人”才懂得这个道理。而现实的统治者却不懂得这个道理，把百姓压榨得无法生存，结果可想而知了。

秦末陈胜、吴广起义的原因，就是因为秦政府对百姓采取高压暴政，把陈胜、吴广一邦被征士卒逼上了死路，与其是死，也许起义还能有一丝活路。于是举起了反秦大旗，结果百姓应声而起，应者云集，秦朝立刻就土崩瓦解了。

其实，管理也一样。管理的实质就是“管”事情、“理”人心；而且要通过“理”人心来实现“管”事情。而“理”人心不能只用高压手段。我们搞管理，其目的就是为了让被管理者服从我们的管理，从而达到我们的目的。一个是被迫服从，一个是主动服从；被动服从只是听从你的指令做工作，而主动服从却能把你的事情当作自己的事情来做，既有主动性，又有积极性，做出的工作有模有样。用高压的手法只能让人被动服从，而用“理”人心的手法却能达到让下属主动服从的目的。

老子主张贵柔守弱。你是领导，有权自然带有三分威，不是你发发火，摆摆架子，你才有威。而是你把事情做得很到位的情况下，你越不显摆，越有权威。有这样一个管理者，他认为管理就是我管他，他才理（会）我；我不管他，他就不理我。因而他对下属很苛刻，即使是布置一项很简单的工作也要摆起个官架子，哼哼喊喊，生怕别人不知道他是个领导。这样的领导能把他的团队领导好吗？

管理并不复杂，复杂的是我们自己。

第七十四章

[原文]

民不畏死，奈何以死惧之？

若使民常畏死，而为奇者，吾得执而杀之，孰敢？

常有司杀者杀。夫代司杀者杀，是谓代大匠斫，希有不伤其手者矣。

[解释]

“民不畏死，奈何以死惧之。”人民不畏惧死亡，为什么用死来吓唬他们呢？百姓如果生不如死，就会不畏惧死亡，如果这个时候还要用死来吓唬百姓，势必会激起百姓揭竿而起，统治者的地位将会不保。

“若使民常畏死，而为奇者，吾得执而杀之，孰敢？”如果让人民真的畏惧死亡的话，对于为非作歹的人，我们就把他抓来杀掉。谁还敢为非作歹？假如你要让百姓害怕死亡，你就必须保证百姓的日常生活的基本条件，必须让百姓感觉到生的快乐，在这种情况下，对于那些为非作歹的，人们把他抓住杀掉，会起到杀一儆百的作用。如果百姓生无可恋，“以死惧之”便不可行。

“常有司杀者杀。夫代司杀者杀，是谓代大匠斫，希有不伤其手者矣。”正常情况下有专管杀人的人去执行杀人的任务。那么，是谁有这样职责呢？老子在“五十一章”中说“长之育之，亭之毒之，养之覆之”。因此，司杀者实质是指“道”。代替专管杀人的人去杀人，就如同代替高明的木匠去砍木头，那代替高明的木匠砍木头的人，很少有不砍伤自己手的。老子在此告诫统治者，不要把百姓不当人看，更不能随意残害百姓。“道”创造了万物，也会主宰万物，不要背离“道”去残害百姓。如果硬要这样做，恐怕要伤了自己的筋骨（希有不伤其手者矣）——政局将会出现动荡。

老子指出了人民已经被残暴的统治者压迫得不堪其苦了，死都不怕了，何必还用死来恐吓他们？如果不对人民使用严刑峻法，人民各得其所，安居乐业，就会畏惧死亡。在那种情形下，对于为非作歹之人，把他抓起来杀掉，还有谁再敢做坏事呢？老子认为，应该尊重每一个人的生命，对百姓应该采取宽容的政策，如果不按天道自然办事，草菅人命，就会带来无尽的祸患。

第七十三章

[原文]

勇于敢则杀，勇于不敢则活。此两者，或利或害。天之所恶，孰知其故？是以圣人犹难之。

天之道，不争而善胜，不言而善应，不召而自来，绰然而善谋。天网恢恢，疏而不失。

[解释]

“勇于敢则杀，勇于不敢则活。此两者，或利或害。天之所恶，孰知其故？是以圣人犹难之。”

勇气建立在妄为蛮干的基础上，就会遭到杀身之祸；勇气建立在谨慎的基础上，就可以活命。这两种勇的结果，有的得利，有的受害。天所厌恶的，谁知道是什么缘故？有道的圣人也难以解说明白。

非洲草原上，一头小野牛被两只狮子围攻，野牛妈妈看到后冲过来顶撞狮子，并将狮子引开。小野牛得救了，可野牛妈妈成了狮子的美餐。按理说野牛比野猪强大，野猪救崽自己完好无损，而野牛救崽却遇害。所以老子说，哪个得利，哪个受害，连圣人也说不明白。

“天之道，不争而善胜，不言而善应，不召而自来，繟然而善谋。天网恢恢，疏而不失。”繟（chǎn），意思是宽绰，舒缓，繟然（坦然，宽舒的样子）。“天之道”，自然的规律是，不与别人争强好胜而善于取胜；不言语而善于应承；不召唤而自动到来，坦然而善于安排筹划。“天网恢恢，疏而不失”，宇宙自然的规律像网一样纵横交错，万物都按自身的规律在运行，此网虽宽广无边，网眼宽大，但没有一物漏失在外。

老子认为，万物自然均按自身规律发育、生长、成熟、衰老、死亡，任何一物都逃不出这个网。网虽宽大，但任何一物都是这网的一部分，都得按此规律来。而按这一规律运作，并不是都会遇到好事，也会遇到坏事，但遇到坏事并不是“天之所恶”造成的，这是自然规律，与天并无任何关系。

第七十七章

[原文]

天之道，其犹张弓欤？高者抑之，低者举之，有余者损之，不足者补之。

天之道，损有余而补不足。人之道则不然，损不足以奉有余。

孰能有余以奉天下，唯有道者。

是以圣人为而不恃，功成而不处，其不欲见贤。

[解释]

“天之道，其犹张弓欤？高者抑之，低者举之，有余者损之，不足者补之。”自然的规律，不是很像张弓射箭吗？高了就把它压低一些，低了就把它举高一些，拉得过满了就把它放松一些，拉得不足了就把它补充一些。

“天之道，损有余而补不足；人之道则不然，损不足以奉有余。”自然的规律，是减少有余的补给不足的。可是现实社会却不是这样，要减少不足的，来奉献给有余的人。这是对所谓的“人之道”的讽刺——因为“人之道”违反了“天之道”。与“天之道”相违的就是不道、非道。

“孰能有余以奉天下，唯有道者。”那么，谁能够把自己有余的，奉献给天下人呢？只有有道的人才可以做到。因为得道者能与道相同，不违反道的要求，因而能“损有余而补不足”。

“是以圣人为而不恃，功成而不处，其不欲见贤。”因此，有道的圣人有所作为而不占有，有所成就而不居功。他是不愿意显示自己的贤能。

老子把自然界现象归之于“损有余而补不足”，因此他要求人类社会也应当改变“损不足以奉有余”的不合理、不平等的现象，效法自然界的“损有余而补不足”，应该使贫富差距缩小，大家都有自己的生存空间。“损有余而补不足”，体现了他的社会财富平均化和人类平等的观念。

第七十五章

[原文]

民之饥，以其上食税之多，是以饥。

民之难治，以其上之有为，是以难治。

民之轻死，以其上求生之厚，是以轻死。

夫唯无以生为者，是贤于贵生。

[解释]

“民之饥，以其上食税之多，是以饥。”人民之所以吃不饱肚子，就是由于统治者征收了太多的赋税，所以人民才陷于饥饿。

“民之难治，以其上之有为，是以难治。”人民之所以难于统治，是由于统治者政令繁苛、喜欢有所作为，统治者有所作为，就会扰乱百姓日常的生产生活，百姓为了生存只能应付统治者，如果危及生存，百姓反而会起来造反，所以人民就难于统治。

“民之轻死，以其上求生之厚，是以轻死。”人民之所以轻生冒死，是由于统治者为了奉养自己，把民脂民膏都搜刮净了，一旦百姓难以为生，便会觉得死了也不算什么。

“夫唯无以生为者，是贤于贵生。”那些没有办法生活的君主要好于那些穷奢极欲的君主！一国之君的生活能没有着落吗？显然不可能。但是老子在此用这种极端的说法提醒当权者，要清静淡泊，随遇而安，不要追求过分奢侈的物质享受，不要把自己的生命看得过重，否则人民会“无以生为”，民若轻死，则政权不保。

老子认为，宽容的政治，比暴虐的政治要高明得多。因为，一旦人民不畏惧死亡而进行反抗，为求生存而暴动，那样，统治者的日子就不好过了。人民的反抗是由统治者的苛政和沉重的赋税所引起的，这是说，剥削与高压是政治祸乱的最根本原因。老百姓在这种情况面前，才会铤而走险，毫不畏惧死亡。

第八十章

[原文]

小国寡民。使有什伯之器而不用；使民重死而不远徙；虽有舟舆，无所乘之；虽有甲兵，无所陈之。

使人复结绳而用之。甘其食，美其服，安其居，乐其俗，邻国相望，鸡犬之声相闻，民至老死不相往来。

[解释]

“小国寡民。使有什伯之器而不用；使民重死而不远徙；虽有舟舆，无所乘之；虽有甲兵，无所陈之。使人复结绳而用之。”国家很小，人民稀少。即使有各种各样的器具，并不使用；使人民重视死亡，而不向远方迁徙；虽然有船只车辆，却不必坐它，因为国家小，路途短，没有必要用这些交通工具；虽然有武器装备，却没有地方去布阵打仗；使人民再恢复到远古结绳记事的自然状态之中。

“甘其食，美其服，安其居，乐其俗，邻国相望，鸡犬之声相闻，民至老死不相往来。”国家治理得好极了，使人民吃得香甜，穿得漂亮，住得安适，过得快乐。国与国之间互相望得见，鸡犬的叫声都可以听得见，但人民从生到死，也不互相往来。在这种情况下，相互之间没有产生任何矛盾和分歧的可能，更不用说相互之间发生战争。

老子面对急剧动荡变革的社会现实，感到一种失落，便开始怀念远古蒙昧时代结绳记事的原始生活，邻国相望、鸡犬之声相闻，没有欺骗和狡诈的恶行，民风淳朴敦厚，生活安定恬淡，人们用结绳的方式记事，不会攻心斗智，也就没有必要冒着生命危险远徙谋生……这是一种抵触情绪的发泄。

老子以为，国与国之间没有任何交往就不会产生纷争，没有矛盾就不会有战争。因而他把战争的原因归结为国与国之间的相互交往。显然这是一种极短视的偏见。在当时农耕文明的情况下，国与国之间不交往尚且达不到，更不用说现在已经是地球村了。不来往是不现实的。可以说，老子小国寡民和老死不相往来的思想遭到各朝代的反对。

第十部分 军事外交思想

老子的军事思想总的来说是反对战争的。

老子认为，战争的根源在于人们的欲望。“祸莫大于不知足；咎莫大于欲得。”战争应该是不得已而为之的，切不可乐战、好战；乐战、好战者不可得志于天下。战争的危害极大，“大军之后必有凶年”，应该“善有果而已”。即使战胜了对方，也不可夸耀、显摆，而应以丧礼处之。

老子在《道德经》中只用了短短一章的篇幅谈了外交问题。老子的思想，对现今外交理论都有很强的指导意义。老子认为，在国与国的交往中，大国应该持积极主动的态度与小国交往，大国更应该谦下一些。

第四十六章

[原文]

天下有道，却走马以粪，天下无道，戎马生于郊。

祸莫大于不知足；咎莫大于欲得。

故知足之足，常足矣。

[解释]

“天下有道，却走马以粪，天下无道，戎马生于郊。”马匹按其奔跑模式分为两种，一种是跑起来和行走一样，非常平稳，称之为走马；另一种是跑起来跳跃式前进，人坐马上颠簸得很厉害，称之为跑马。自古以来，人们都喜欢以走马为坐骑，特别是古时更喜欢走马。

“戎马生于郊”其中“生”不是生产之生，而是产生之生。所以前人把这句也没有翻译准确。

此句的意思是：治理天下合乎“道”，天下就太平，战马无用武之地，只能回到田间给农夫耕地。治理天下不合乎“道”，连耕地的马匹也得上战场。

“祸莫大于不知足，咎莫大于欲得。”最大的祸害就是不知足，最大的过失是贪得无厌的欲望。

“故知足之足，常足矣。”知道到什么地步就该满足了的人，永远是满足的。

老子反对的当然是春秋列国各贵族领主、集团间频繁的兼并战争和掠夺战争。他认为战争的起因是统治者贪欲太强。那么解决问题的办法是要求统治者知足常乐，减少贪心，满足现状就不会发生战争。因此当政者不可贪得无厌，切记清静无为之戒条。这的确是为社会的发展、民众的安定而做的阐发，是值得肯定的。但是，这也仅仅能在理论上说得过去，现实中却难以实践，是地地道道的乌托邦。

老子学派把知足看得非常重要，认为知足可以决定人们的荣辱、生存、祸福……不仅此也，他们将知足作为从主观上分辨贫富的标准。如知足，虽客观财富不多而主观上亦可自认为富有，“知足者富”。因此知“足”之所以为足，则常足矣，常足当然可以看作是富裕。反之，客观财富虽多，由于主观的不知足，贪得无厌，仍能酿成极大的祸害。

第三十章

[**原文**]

以道佐人主者，不以兵强天下，其事好远。

师之所处，荆棘生焉。大军之后，必有凶年。

善有果而已，不敢以取强。

果而勿矜，果而勿伐，果而勿骄，果而不得已，果而勿强。

物壮则老，是谓不道，不道早已。

[**解释**]

“以道佐人主者，不以兵强天下，其事好还。”依照“道”的原则辅佐君主的人，不会以兵力逞强于天下。他所做的事情（不以武力逞强的行为）会得到好的回报。

“师之所处，荆棘生焉。大军之后，必有凶年。”军队所到的地方，荆棘横生，大战之后，一定会出现荒年。

“善有果而已，不敢以取强。”善于用兵的人，只要达到用兵的目的也就可以了，并不以兵力强大而逞强好斗为本事。

“果而勿矜，果而勿伐，果而勿骄，果而不得已，果而勿强。”达到目的就可以了，不可以自我矜持，达到目的了也不要夸耀，达到目的了也不要自以为是，达到目的却出于不得已，达到目的更不可逞强。老子认为，用兵是不得已的事情，一旦达到目的，切不可夸耀，更不能以此炫耀，自我炫耀只会招致不好的结果。

“物壮则老，是谓不道，不道早已。”事物过于强大就会走向衰落，这就说明它不符合于“道”，不符合于“道”的，就会很快死亡。

老了强调贵柔处弱，认为柔弱是“生”的体现，而刚强则是“死”的前兆。因而在用兵上，老子再一次强调，“善有果而已，不敢以取强”，“取强”就是“不道”，“不道早已”。

第三十一章

[原文]

夫兵者，不祥之器，物或恶之，故有道者不处。

君子居则贵左，用兵则贵右。

兵者不祥之器，非君子之器，不得已而用之，恬淡为上，胜而不美，而美之者，是乐杀人。

夫乐杀人者，则不可得志于天下矣。

吉事尚左，凶事尚右。偏将军居左，上将军居右，言以丧礼处之。

杀人之众，以悲哀莅之，战胜以丧礼处之。

[解释]

“夫兵者，不祥之器，物或恶之，故有道者不处。”兵器啊，是不祥的东西，人们都厌恶它，所以有“道”的人旦凡有三分奈何就不使用它。

“君子居则贵左，用兵则贵右。”君子平时居处以左边为贵，而用兵打仗时就以右边为贵。

“兵者不祥之器，非君子之器，不得已而用之，恬淡为上，胜而不美，而美之者，是乐杀人。”兵器这个不祥的东西，不是君子所使用的东西，万不得已而使用它，最好淡然处之，胜利了也不要自鸣得意，如果打了胜仗自以为了不起，那就是喜欢杀人。

“夫乐杀人者，则不可得志于天下矣。”凡是喜欢杀人的人，就不能得志于天下。

“吉事尚左，凶事尚右。偏将军居左，上将军居右，言以丧礼处之。”吉庆的事情以左边为上，凶丧的事情以右方为上，偏将军居于左边，上将军居于右边，这就是说要以丧礼仪式来处理用兵打仗的事情。

“杀人之众，以悲哀莅之，战胜以丧礼处之。”战争中双方士兵伤亡众多，要用哀痛的心情对待，打了胜仗，也要以丧礼的仪式去对待战死的人。

这一章仍是讲战争之道，是上一章的延伸。上一章着重从后果讲，这一章以古代的礼仪来比喻。按中国古代的礼仪看，主居右，客居左，所以居左有谦让的意思，“君子居则贵左，用兵则贵右”。老子认为，兵器战争虽然是不祥的东西，但作为君子，在迫不得已时，也要用战争的方式达到自己的目的，只是在获取胜利时不要以兵力逞强，不要随意地使用兵力杀人。相反，对于在战争中死去的人，还要真心表示哀伤痛心，并且以丧礼妥善安置死者。老子认为战争“不得已而用之”，老子谈论战争问题，也是不得已。有人认为《道德经》是兵书，是研究战争问题的，为了给用兵者出谋划策的。有反对者则持相反的观点，认为《道德经》研究战争是为了反对战争，没有为用兵者出谋划策……这是不准确的。《道德经》只所以研究战争问题，是因为战争与军事问题是当时政治生活的一件大事，你讲治国方略，不讲军事，不讲战争肯定是不完全的，而讲军事就得为当事方出谋划策。

第六十八章

[原文]

善为士者，不武；善战者，不怒；善胜敌者，不与；善用人者，为之下。

是谓不争之德，是谓用人之力，是谓配天，古之极也。

[解释]

“善为士者，不武”，善于做武士的人，不逞其勇武；“善战者，不怒”，善于打仗的人，不轻易发怒；“善胜敌者，不与”，善于胜敌的人，不给敌人可乘之机；“善用人者，为之下”，善于用人的人，对人表示谦下。

“是谓不争之德，是谓用人之力，是谓配天，古之极也。”这叫作不与人争（争功、争名、争利）的品德，这叫作运用别人的能力，这叫作符合自然的道理，是自古及今最高明的方法。

这一章是专从用兵的意义上讲战略战术的原则。他要求人们不逞勇武，不轻易被敌方激怒，避免与人正面冲突，充分发挥人的才智能力，善于利用别人的力量，以不争达到争的目的。老子认为，这是符合于天道的，是古老的准则。“武”“怒”是军事指挥者暴烈、失去理智的表现。一旦“怒”上心头，就会失去理智，也就不能客观地分析、研究敌我双方的优与劣，而以主观臆断和愤怒的情绪代替客观实际，这种状况将给国家和军队，带来极大危害和灾难。军事上如此，人生亦然。遇事不急躁、不冲动，平心静气地认真思考，细心分辨客观现象，就可找到问题的症结，从而得出正确的解决方法。如果遇事便急躁、冲动、生气、发火，反而会使事情变得更坏。

第六十九章

[原文]

用兵有言："吾不敢为主，而为客；不敢进寸，而退尺。"

是谓行无行；攘无臂；扔无敌；执无兵。

祸莫大于轻敌，轻敌几丧吾宝。

故抗兵相若，哀者胜矣。

[解释]

"用兵有言：'吾不敢为主，而为客；不敢进寸，而退尺。'"用兵的人曾经这样说，"我不敢主动进犯，而采取守势；不敢前进一寸，而宁可后退一尺。"

"是谓行无行；攘无臂；扔无敌；执无兵。"这就叫作虽然在阵势行走，却像没有阵势一样；虽然要奋臂，却像没有臂膀可举一样；虽然面临敌人，却像没有敌人可打一样；虽然有兵器，却像没有兵器可以执握一样。

"祸莫大于轻敌，轻敌几丧吾宝。"祸患再没有比轻敌更大的了，轻敌几乎丧失了我的"三宝"。

"故抗兵相若，哀者胜矣。"所以，两军实力相当的时候，悲痛的一方可以获得胜利。

本章仍是从军事的角度，谈以退为进的处世哲学。老子认为，战争应以守为主，以守而取胜，表现了老子反对战争的思想，同时也表明老子处世哲学中的退守、居下原则。这一章讲到“哀兵必胜，骄兵必败”的道理，成为千古兵家的军事名言。老子认为，如果是被迫卷入战争，就应该采取完全的守势，这是他把谦退、忍让、无为、守柔的哲学思想，通过军事再次表述出来。

本章所讲的思想与太极理论有相同之处。

第六十一章

[**原文**]

大邦者下流，天下之牝，天下之交也。

牝常以静胜牡，以静为下。

故大邦以下小邦，则取小邦；小邦以下大邦，则取大邦。

故或下以取，或下而取。大邦不过欲兼畜人，小邦不过欲入事人。夫两者各得所欲，大者宜为下。

[**解释**]

“大邦者下流，天下之牝，天下之交也。”“大邦者下流”，“大邦”指大的国家，“者”语气助词，“下流”下流无耻，指没有羞耻之心。此句的意思应该是大的国家应该没有羞耻之心。这样，后面的内容就好理解了。“天下之牝，天下之交也”，大的国家应该和天下的母兽一样，与天下的公兽相交。

“牝常以静胜牡，以静为下。”雌雄相交，雌守静而处下，而胜者却为雌；雄虽居上而好动，但精尽而亡者比比兼是。老子在这里以动物作比喻，好动实为发动战争，发动战争的结果只有恶果而没有好的报应。

“故大邦以下小邦，则取小邦；小邦以下大邦，则取大邦”，这句话好理解，“以下”以己为下，以人为上，实为尊重对方之意。整句话的意思是：大的国家尊重小的国家，小的国家就会结交大国；而小的国家尊重大的国家，大国也会结交小国。因而国家之间应该互相尊重。

“故或下以取，或下而取。大邦不过欲兼畜人，小邦不过欲入事人。夫两者各得所欲，大者宜为下。”或下以取指大国对小国而言，或下而取指小国对大国而言。大国不过想要让别的小国依附，而小的国家不过想要依附大的国家。大的国家和小的国家在相互交往中各取所需，各自得到自己想要的东西，在这种情况下，大的国家更应该主动一些，尊重小的国家。

在这一章，老子提出了他的外交思想，他认为，国与国之间能否和平相处，关键在于大国，所以一再提出大国要谦下，不可以强大而凌辱、侵略小国。大国不过就是想领导小国，小国奉承大国也是为了确保自身安全，在这种情况下大国还讲什么“面子”。应该放下架子，主动亲近别的国家，这是既利人又利己的好事，何乐而不为呢？

第十一部分　对道的理解

老子在《道德经》中讲了他的宇宙观及天人合一的主要内容，讲了如何修道，如何治理国家等一系列问题。对于这些问题，老子认为讲得很清楚。但是，老子依然认为，他讲的东西并不是人人都能读得懂，更不是人人都能照做的。

造成这种情况的原因，老子认为有两个：

一个是由道的特性决定的。由于道是宇宙的源头，是宇宙本身，是宇宙运行的规律……对于老子的宇宙观，当时的人们很难认识，即使科学技术有了飞跃发展的今天，老子对宇宙的一些认识用现代科技也无法证明。因而对当时以及后来的人们而言，“道”是人们难以认识的。这是客观方面。

第二个是由人们的悟性决定的。人的悟性本身就有很大的差异，有的悟性高一些，有的悟性差一些。老子把人们分这三种，上士、中士、下士，且上士人数极少，甚至是少得可怜。这就从主观上影响了人们对《道德经》的理解与应用。这是人的主观方面。

因而老子在最后发出这样的感言：“吾言甚易知，甚易行。天下莫能知，莫能行。”

第四十一章

[原文]

上士闻道，勤而行之；中士闻道，若存若亡；下士闻道，大笑之。不笑不足以为道。

故建言有之：明道若昧，进道若退，夷道若纇。上德若谷；大白若辱；广德若不足；建德若偷；质真若渝。大方无隅；大器晚成；大音希声；大象无形；道隐无名。夫唯道，善贷且成。

[解释]

“上士闻道，勤而行之”，上士，指开悟之士，听了道的理论，便深信不疑，努力去实行；悟性的高低，与这个人的知识水平没有必然联系，有许多饱读诗书者未必能开悟，而没读几天书的人也许很快能开悟。六祖惠能法师还是一名扫地僧时，针对大师兄的诗作（由于惠能当时不识字），请人代写了“菩提本无树，明镜亦非台；佛性常清净，何处染尘埃。”其意境比其饱读诗书的大师兄不知高出多少倍。

“中士闻道，若存若亡”，中士，指慧根不深，不易开悟，但有一定知识之人；这些人听了道的理论，将信将疑；信的时候按“道”的要求做一下，不信的时候就想怎么做就怎么做。

“下士闻道，大笑之”，下士，不开悟之人，这些人被世俗名利捆绑着，心一刻也静不下来，听了道的理论认为有违常理，便哈哈大笑。之所以笑，是因为他们根本不相信有道的存在。在他们眼里，除了名便是利，没有它物，道为何物？

“不笑不足以为道。”不被嘲笑，那就不足以成其为道了。如果所有人都能认识道，信道，守道，道也就不足以为道了。

“故建言有之：明道若昧，进道若退，夷道若纇。”纇(lèi)，丝上的疙瘩。因此古时立言的人说过这样的话：光明的道好似暗昧；前进的道好似后退；平坦的道好似崎岖。

“上德若谷；大白若辱；广德若不足；建德若偷；质真若渝。”崇高的德好似峡谷；最洁白的东西，反而好像含有污垢；广大的德好像不足；刚健的德好似怠惰；质朴而纯真好像混浊未开。

“大方无隅；大器晚成；大音希声；大象无形；道隐无名。”最方正的东西，反而没有棱角；大的器具，要比小器具完成的要晚；最大的声响，反而听来无声无息；最大的形象，反而没有形状。道幽隐而没有名称，无名无声。

“夫唯道，善贷且成。”只有“道”，善于出借自己，使万物依道而行，最终成就万物。

道隐在现象背面，不易被众人发现，“道”是幽隐无名的，它的本质是前者，而表象是后者。“道”的本质隐藏在现象后面，浅薄之士是无法看到的，所以不被嘲笑就不成“道”。

在这里，老子把“士”分为三个层次，上士、中士、下士，在这三个层次中，下士占了绝大多数，中士占了一小部分，而上士则占极少部分。甚至像孔子这样的大师级人物，也只能是在上士与中士之间。因为孔子见了老子以后说，老子就和龙一样，他的知识高深莫测，志趣高尚难知。“高深莫测”与“若存若亡”又相差多少呢？如果孔子勉强能做上士，那么现今的我们又有几个能够得上孔子的标准呢？不仅够不上孔子，恐怕连孔子学生也够不上吧！如果能认识到这一点，我们中的一些人恐怕不敢以大师自居了。

第七十章

[原文]

吾言甚易知，甚易行。天下莫能知，莫能行。

言有宗，事有君，夫唯无知，是以不我知。

知我者希，则我者贵。是以圣人被褐而怀玉。

[解释]

“吾言甚易知，甚易行。天下莫能知，莫能行。”老子说：我的话很容易理解，很容易施行。但是天下竟没有谁能理解，没有谁能实行。《道德经》不难理解，但两千多年人们一直没有真正理解《道德经》，这值得深思。在习练太极过程中慢慢发现，许多东西太极拳谱中讲得很明白、很清楚，但多少年懂不了。之所以这样，是由于我们的层次达不到，理解不了先人说的那些东西。太极拳讲究个“松”字，松肩、松腰、松胯，大家看到这里心里会想，我理解了。真理解了吗？没有，只有你真正做到“松”的时候，你才能真正理解这个意思。后来发现，不仅仅是太极拳谱，先人们的好多理论我们都没有真正理解。不理解的真正原因，是我们不能站在先人的高度去看待这些事情，而有的人虽然有了一定的高度，角度不同也不能真正理解先人们的思想。同时，语言本身又有局限性，我心里想的未必能准确表达出来。而表达出来的东西，你理解的又未必真正是我表述的内容；这样，读者理解的与作者文字表述的有一定距离，而作者自己用文字表述的内容与他自己心里想的又有一定的距离。而要真正理解先人们的思想，必须要静下心来，用“心”去理解，用我们自身的灵魂去理解，否则我们永远也不会找到答案。

对于人们不理解他的话，不按他说的去做，老子给出的答案是：

“言有宗，事有君，夫唯无知，是以不我知。”“言有宗，事有君”，“宗”的意思是宗旨、主旨的意思，意思是你说话要有中心思想。“君”是君主的意思，引申为主要的意思，意思是行事要分清主次。言论有主旨，行事有主次。老子在《道德经》中谈了“修身、齐家、治国、平天下”的理论，可后人们却众说纷纭，说是修身的都往修身上拉，说是治国的都往治国上绑。因而我们没有理解老子的“宗”。正因为天下人不知道言宗事君，所以也就不了解老子。不了解老子，就很难听懂老子说的话，更不容易按老子说的做。

“知我者希，则我者贵。是以圣人被褐而怀玉。”能理解我的人很少，那么能取法于我，按我说的去做的人就更难得了。因此有道的圣人总是穿着粗布衣服，怀里揣着美玉。真是怀里藏着“美玉”吗？不是。意思是虽然穿着很普通，但是他思想却很丰富、很宝贵。正因为人们不理解，所以不能为世人推崇，不能为当世的君主重用，所以只能过极为简朴的生活。由此可见，老子并不是主动出世之人，而是被动出世之人。

后　记

《道德经》是诸子百家的之首。

老子的思想影响了中华文明两千多年。老子的思想渗透在社会生活的方方面面，是名副其实的最基础、最根本的学问。

老子的思想会对人类社会文明有极大的指导和推动作用。如果说前几次的社会文明进步使人类社会的生产力上了几个台阶的话，那么遵循老子的思想，我们在“无”的领域能开疆拓土的话，人类社会的生产力会真正上一层楼——而绝不仅仅是几个台阶的问题。

老子的思想同样会对我们社会生活的其他方面有提升作用。老子认为有与无是“众妙之门”。现在，“众妙之门”仍未打开，需要我们努力打开这扇大门，揭示那些我们至今解释不了的问题。

老子以天人合一思想为基础，站在全人类的角度审视问题，力求为人类的发展谋求一条康庄大道。但是，老子在对人们了解的基础上，认为真正能行道守道的“上士”少之又少，而多数则是追名逐利的“下士”和追求温饱的百姓，因而老子认为普度众生不是很现实。对于普通百姓，老子奉劝统治者要轻徭薄赋，以人为本。

人类生存于地球，相对于宇宙来说仅仅是短短的一瞬，在这短暂的时间里，我们人类应该做些什么？是争斗吗？显然不是，应该提倡老子“和”的思想。

可以说，老子的思想博大精深，对人类的生存与发展做了独到的分析，对我们人类今后的生存与发展都有一定的指导意义。

1998 年偶然间遇到第一本《道德经》，读后如丈二和尚便放了下来。2002 年遇到第二本《道德经》，读后感觉与前者相差很大。心中有了疑惑：这样一部千古名作，人们的理解怎么会有这么大的差异？正好此后对《道德经》的译著如雨后春笋般出现，我只要能遇到，全都纳入囊中。经过几年的阅读，到 2011 年底发现老子论道的内容就是讲的宇宙观，其中“玄牝”就是讲的宇宙“黑洞”，于是把这一部分内容进行了整理。在整理的过程中，从网上查阅了相关内容，对自己的观点增强了信心。

之后，我的好同学王喜发经常给我介绍佛经的内容，出于好奇，也翻阅了几部佛经，发现佛经中讲关于修佛的内容在《道德经》中也有相关的表述。经过两人的切磋研磨，对老子的思想有了进一步的深化，于是对《道德经》的其他内容进行了整理，解读完成后又放了下来。几年来，发现人们的理解仍然局限于原有的框架内，没有多少实质上的突破。

虽然深知名是祸源，但与人类社会的巨大进步相较，利总是大于弊的。加之在几个朋友的鼓励和督促下，对《道德经》的解读稿又进行了整理，力求让自己的解读贴近老子的原意。现呈献给大家，不足之处望不吝指教。

最后，感谢内蒙古人民出版社在本节出版过程中给予的大力支持。感谢边琦、李金秋、武永昌、冯建国、乔俊峰、刘燕、张冷习等同志的鼓励与帮助。对《道德经》的讨论和研究仍在继续，对人生的感悟和思考也从未停止。每个人对生活实际上就是天天学习的机缘，只要我们用心去关注，自然会“为学日益”。